高校教育教学理论与实践研究

孟广普 ◎ 著

吉林出版集团股份有限公司

图书在版编目（CIP）数据

高校教育教学理论与实践研究 / 孟广普著．— 长春：吉林出版集团股份有限公司，2023.8

ISBN 978-7-5731-4234-4

Ⅰ．①高… Ⅱ．①孟… Ⅲ．①高等教育－教学研究－中国 Ⅳ．①G649.21

中国国家版本馆 CIP 数据核字（2023）第 176278 号

高校教育教学理论与实践研究

GAOXIAO JIAOYU JIAOXUE LILUN YU SHIJIAN YANJIU

著　　者　孟广普
出版策划　崔文辉
责任编辑　王　妍
封面设计　文　一
出　　版　吉林出版集团股份有限公司
（长春市福祉大路 5788 号，邮政编码：130118）
发　　行　吉林出版集团译文图书经营有限公司
（http：//shop34896900.taobao.com）
电　　话　总编办：0431-81629909　营销部：0431-81629880/81629900
印　　刷　廊坊市广阳区九州印刷厂
开　　本　710mm×1000mm　1/16
字　　数　250 千字
印　　张　14
版　　次　2023 年 8 月第 1 版
印　　次　2023 年 8 月第 1 次印刷
书　　号　ISBN 978-7-5731-4234-4
定　　价　78.00 元

前　言

高校教育的成败关系着国家的兴旺与发达，而教育管理工作又对高校教学活动起着至关重要的作用，它是联系高校各个教育环节的枢纽，是高校教学质量提升的基础性环节。提高院校正规化教育管理水平是当前高校教育管理面临的新挑战，创造性地做好教育管理工作变得尤为重要。

当今社会的竞争非常激烈，高校教师若想为社会培养更多优质人才，需要不断提升自身教学水平、优化教学理念、增强教学质量，这样才能培养出一批又一批可持续成长的高素质人才。培养创新型人才是高等教育的重要任务之一，而目前高校教学中尚存在诸多与完成这一任务相背离的现象。为此，高校应在明确研究性教学的概念和内涵的基础上，探索各种与实践相适应的具体模式实施研究性教学，充分发挥其在高等教育中的优势和作用，从而促进高等教育目标的实现。

本书从高校教育教学理论入手，介绍了高校教育发展以及高校的教学改革，重点分析了高校教育管理与创新、高校教育教学的模式与创新，在高校教育管理的创新策略方面做出重要探讨。

笔者写作本书曾参阅了相关文献资料，在此，谨向其作者深表谢意。由于笔者水平有限，书中错误、疏漏和欠妥之处，恳请各位专家和广大读者批评指正。

目　　录

第一章　高校教育概述

第一节　高校的类型

一、职业教育型高校，分为专科和本科两个层次

这类学校功能单一，直接面对市场，人才培养目标明确，专业界限明晰，以应用性、技术性为特征。发展这类学校在总体布局上一定要控制数量，提高单个学校的规模水平，并且必须要让其他类型的高校逐步退出职业技术教育领域，以保证职业教育型高校的市场份额，稳定提高其办学的规模和质量。鉴于此类大学在设备投资方面数额较大，需要有雄厚的财力做基础，因此，这并不是以收取学费为主要财源的高校的强项，而主要应该由国家来主办，少数有实力的高校辅之。

二、教学型高校，以全日制综合本科为主

其符合国家颁布的高校本科教育基本标准，以专业基础理论、基本技能教学为主，专业涉及文、经、法、工、农、医等传统专业领域。人才培养目标为双目标：既可以培养较高层次的具有专业技能的实践应用人才，也可以培养较高层次的专业学术研究人才。此类学校的发展目标应定位在具有广泛影响的拥有省级或区域级重点专业、重点学科、重点实验室的综合大学。这

类学校应作为未来高校的主流，目前迫切需要进行重点扶持、重点投入。

三、研究型高校

这是在完善本科教育基础上发展起来的高层次办学形式，以培养硕士、博士研究生为主要目标，适当结合规模适度的本科教育；以培养高层次学术理论研究人才进行学术理论研究和高科技开发研究为主。此类学校应定位在具有国内重大影响和一定国际影响力的，拥有国家级重点学科、专业、实验室的重点大学。

总而言之，我们认为在国家法律、政策允许的框架内，高校应结合本校特色和优势进行科学定位，选择最理想的可持续发展战略，大胆创新、勇敢实践，办出特色鲜明的高校。

第二节　民办高校教育的特征

一、民办高校教育的具体特征

民办高校教育的办学类型多样，不同类型的高校之间有其共同的特点，也存在着一定的差异。通过研究发现，公民个人办学、社会团体办学和捐资办学可以划分成一类，我们称为个体办学型；而民营企业和教育集团办学划分为另一类，我们称为企业办学型。以下为上述两种办学类型的高校的具体特征：

（一）个体办学型高校的特征

1. 投入少

举办高校教育需要大量的先期投入，如购买校园土地、建造校舍、购置教学仪器设备、聘请教师等，但受个人、社会团体经济实力与条件的限制，这类高校的先期投入都比较少，基本上都是以少量投入作为教学场所的租金和聘请教师的工资，逐步发展起来的。

2. 以学养学，滚动发展

因为没有雄厚的办学经费做支持，高校的收入只能靠学生学费来维持。并在学校的运转过程中，厉行节约，精打细算，把办学结余部分再投入到学校建设中，再经过长期的以学养学积累，持续的投入，逐年滚动发展起来。

3. 发展慢，效益差

由于这类高校多数是滚动发展起来的，发展速度一般较慢。绝大部分的办学结余都用于学院发展建设，经济效益也就难言丰厚。投资教育不能以营利为目的，更不允许有暴利。因而，靠学费收入结余后再投入办学的这类学校发展速度比较慢，教育投资效益较差。直至目前，仍有相当一部分高校办学条件十分简陋，校舍、教学用房和教师都非常紧张。

（二）企业办学型高校的特征

企业办学型高校因为有企业或集团的强大经济实力做后盾，以及有企业先进管理经验的引入，表现出与个体办学型高校较大的区别。

1. 起点高，投资大

民营企业和教育集团办学明显不同于个体办学。个人办学、社会团体办学等形式的办学，一般采取从低起点逐步提高的做法。而企业办学高校一般建设速度比较快，投资力度比较大，学校的资产都达数亿元之多，因此，校园教育环境优越，教学设施先进，学校占地面积、建筑面积和各项设施设备，都能达到国家规定的办学标准。这就避免了许多高校办学初期因为经费不充足而出现的学校基础设施不齐全、教学质量难以保证等问题。

2. 经济与教育规律有机融合

企业家和教育家有不同的工作经历、专业技能与思维方式，教育教学活动不同于经济活动，它们有自身不同的运行规律。要办好教育产业，就需要将教育规律与经济规律有机融合。高校管理者与企业家投资者在一个平台上，教育家和企业家共同办学，给双方提供了一个都能施展才能的舞台，实现了两者的有机融合、协调发展。

3. 经营管理产业化，效益好

民营企业和教育集团办学在充分尊重教育规律的同时，借鉴和遵循产业运作的一些观念和做法，讲究质量、信誉、成本和效益，为高校的教育、教学提供全方位的服务，以推动其更好、更快地发展。

因为先期投资额度大，创办者收回投资成本的压力较大，加上学校硬件条件比较好，有的家长也愿意把子女送到这类学校。因此，这类高校在建校的初期，收费标准往往比较高。

4. 品牌意识强

成功的教育集团与成功的企业集团一样，都非常重视品牌建设，强调科学化管理、规范化运作，往往采取统一校名、统一标准、统一管理的模式，在成功办学的基础上，输出集团的管理模式，以托管的方式对其他高校进行管理，以扩大其影响。

第三节　高校教育扩大规模的必要性

一、有利于满足人民日益增长的高等教育需求

我国是文明古国、礼仪之邦，有着重视教育的优良传统。改革开放以来，随着计划生育这一基本国策得到认真贯彻，独生子女比例越来越高，城市和发达地区尤为显著，广大家长迫切希望子女能接受良好的教育。

大力发展高校教育，可以迅速扩大高校招生规模，为合格的高中毕业生

提供更多的深造机会，既让他们得以实现接受高等教育的迫切愿望，学到一技之长，又推迟了他们的就业时间，减轻了社会的就业压力。高校的办学经费来源是多渠道的，创办者的原始投资、社会各界的资助和政府的适当补助（包括政策性的费用减免）是一部分，但就我国目前的情况而言，主要还是学费收入，其占总经费的绝大多数。随着我国社会经济的迅速发展、人民群众收入水平的逐步提高，相当一部分家长愿意承担相对于公办高校更贵一些的高校学费。

二、有利于鼓励社会各方面力量集资办学

世界各国在发展高等教育的过程中，几乎所有高校都有过办学经费短缺的困难。因此，许多国家都大力发展高校教育，鼓励社会各方面力量集资办学，以增加教育投入，缓解教育经费短缺问题。

我国的经济和社会发展水平决定了在相当长的历史时期内，高等教育必须以国家办学为主，政府投入仍然是高等教育经费来源的主渠道，但仅仅依靠政府投资办学是远远不够的。在社会主义市场经济条件下，国家没有必要也不可能有足够的财力支撑全部的高等教育，长期包下去势必抑制其进一步的发展。因此，必须进一步解放思想，转变观念，彻底改变过去在计划经济体制下形成的政府包揽办学的格局，在集中有限的财力办好公办高等教育的同时，大力发展高校教育，积极鼓励和支持社会力量以多种形式办学，满足人民群众日益增长的高等教育需求，形成以政府办学为主体、公办高校和高校共同发展的格局。发展高校教育是加快发展我国高等教育事业的重要途径，它主要依靠民间财力，无须增加政府财政负担，可以大有作为，凡是符合国家有关法律法规的办学形式，都应允许大胆尝试。

三、有利于实现高等教育大众化

高等教育大众化是世界高等教育发展的必然趋势，也是实现我国经济与社会协调发展的客观选择。美国高等教育学家马丁·特罗以 18 ~ 21 岁适龄人口接受高等教育的比例为标准，将高等教育发展划分为三个阶段：接受各种形式的高等教育的适龄人口比例低于 15% 属于精英化高等教育阶段；处于 15% ~ 50% 之间属于大众化高等教育阶段；超过 50% 属于普及化高等教育阶段。

各国间的综合国力的竞争归根到底是科技和人才的竞争。经济和社会发展的优势蕴藏于知识和人才之中，社会财富向拥有科技和人才优势的国家和地区聚集，谁在科技创新和人才培养上占有优势，谁就在发展上占据主导地位。要在新世纪抓住机遇，增强综合国力，战胜各种挑战，就必须大力发展高等教育，早日实现高等教育大众化的目标，缩小与发达国家的差距。但是，单纯依靠公办高等教育是难以早日实现高等教育大众化目标的。因此，必须突破政府包揽办学的传统模式，大力发展高校教育。

支持和鼓励社会力量办学，扶持和引导高校教育的发展，是世界上大多数国家行之有效的发展高等教育的重要方式。

四、有利于促进经济增长

随着市场经济的发展和知识经济的崛起，人们越来越清楚地认识到教育特别是高等教育兼具消费性和生产性，是劳动力的再生产和知识的再生产，是具有公益性的特殊产业。由民间力量兴办的高校教育完全自筹资金、自负盈亏，更具产业属性。把高校教育作为一项产业来大力发展，不仅有利于高等教育自身的改革和发展，而且有利于整个国民经济和社会事业的发展。

目前我国城乡居民对高等教育的需求日益旺盛，加快高等教育发展具有极大的重要性和紧迫性。加快发展高校教育，既可以减缓高中毕业生的升学压力，为中小学实施素质教育创造良好环境，满足广大学生和家长对高等教育的需求，提高国民素质和社会文明程度，又可以推迟学生就业时间，减缓目前的就业压力，还可以扩大教育消费，拉动消费需求，促进经济持续增长。

加快发展高等教育是有条件的，现在城乡居民教育消费意愿十分强烈，居民家庭储蓄中有相当大的比例准备用于教育，现有教育资源还有很大潜力，社会力量也有办学的积极性。教育产业正在成为我国新的经济增长点，许多有远见的企业和个人都看好这一产业，愿意投资兴建民办学校特别是高校。而投资不同于捐资，必然要求回报，没有一定的回报就难以吸引大量民间资本投资。高校仅靠捐资，数量有限，也难以维系。而我国现行法律不允许高校营利，设立高等学校“不得以营利为目的”。许多国家解决这个问题的办法是，将高校分为营利与不营利两大类，营利的要按照企业纳税，不营利的可以按照公益事业减免税。将高校教育作为产业来发展，允许适度营利，可以吸引民间资本投入到高校办学，有利于高校改善经营管理，提高办学质量，增强竞争能力，获得一定的盈余。盈余的一部分作为公积金滚动发展，一部分作为红利回报给投资者，这既有利于高校教育自身的快速发展，也有利于刺激教育消费，拉动民间投资，从而促进经济的持续增长。

高校教育作为我国高等教育和国民经济的新增长点，在过去20年里取得了很大成就，已与普通高等教育、成人高等教育构成三足鼎立之势。进入21世纪，只要进一步解放思想、更新观念，全面贯彻“积极鼓励，大力支持，正确引导，加强管理”的十六字方针，高校教育必将成为我国高等教育事业的重要组成部分，充分发挥其对经济和社会发展的促进作用。

第二章　高校教育发展

第一节　现代教育理念发展

一、现代教育理念的内涵

教育必须为社会主义现代化建设服务，社会主义现代化建设必须依靠教育。因此，现代教育要适应政治、经济、文化的飞速发展，必须以更加创新与完善的理念引导现代教育的改革。综合起来，现代教育理念大致可以归类为以下几个方面。

（一）以人为本的理念

21 世纪的今天，社会已经由重视科学技术为主发展到以人为本的时代，教育作为培养社会所需要的人才来促进经济社会发展的事业，更应当体现以人为本的时代精神。因此，现代教育强调以人为本，把重视人、理解人、尊重人、爱护人、提升和发展人的精神贯穿于教育教学的全过程、全方位，它更关注人的现实需要和未来发展方向，注重挖掘人的潜能，重视人自身的价值的实现，从而不断提高人的生存和发展能力，促进人自身的发展与完善。

（二）全面发展的理念

促进人的自由全面发展是现代教育的宗旨，因此它更关注人的发展的完整性、全面性，宏观上表现在，它是面向全体公民的国民性教育，注重民族整体的全面发展，以大力提高和发展全民族的思想道德素质和科学文化素质，提高民族的知识创新和技术创新能力，增强包括民族凝聚力在内的综合国力为根本目标；表现在微观上，它以促进每一个学生在德、智、体、美、劳等方面的全面发展与完善，造就全面发展的人才为己任。这就要求人们在教育观念上实现由精英教育向大众教育、由专业性教育向通识性教育的转变，在教育方法上采取德、智、体、美、劳等多育并举、整体育人的教育方略。

（三）素质教育的理念

现代教育更注重教育过程中知识向能力的转化工作及其同化为人们的良好素质，强调知识、能力与素质在人才整体结构中的相互作用、辩证统一与和谐发展。针对传统教育重知识传递、轻实践能力，重考试分数、轻综合素质等弊端，现代教育更加强调学生实践能力的锻造，全面素质的培养和训练，主张能力与素质是比知识更重要、更稳定、更持久的要素，把学生综合素质的培养与提高作为教育教学的中心工作来抓，以帮助学生学会学习和强化素质为基本教育目标，旨在全面开发学生的诸种素质潜能，使知识、能力、素质和谐发展，提高人的整体发展水准。

（四）创造性理念

传统教育向现代教育的重要转型之一，就是实现由知识性教育向创造力教育转变。因为知识经济更加彰显了人的创造性作用，人的创造力潜能成了最具有价值的不竭资源。现代教育认为，教育教学是一个具有高度创造性特点的过程，以启发、点拨、开发、引导、训练学生的创造力才能作为其基本目标。主张以更新颖的教学手段和美好的教学艺术来创造教育教学环境，从而更好地培养创造性人才。现代教育主张，完整的创造力教育是由创新教育（旨在培养学生的创新精神、创新能力与创新人格）与创业教育（旨在培养学生的创业精神、创业能力与创业人格）二者结合而形成的生态链构成。因此，加强创新教育与创业教育并促进二者的结合与融合，培养创新型、创业型、复合型人才成为现代教育的基本目标。

（五）开放性理念

当今时代是一个开放的时代，科学技术的快速发展，经济的逐步全球化使世界成为一个紧密联系的地球村。以前的教育格局将被打破，取代它的是一种全方位开放的新型教育。这种新型教育包括教育方式的开放性、教育过程的开放性、教育观念的开放性、教育目标的开放性、教育评价的开放性、教育内容的开放性等。

（六）多样化理念

现代社会是一个日益多样化的时代，随着社会结构的高度分化，社会生活的日益复杂和多变及人们价值取向的多元化，教育也呈现出多样化发展的态势。这首先表现在教育需求多样化，为适应经济社会发展的要求，人才的规格、标准必然要求多样化。其次表现在办学主体多样化、教育目标多样化、管理体制多样化。最后还表现在灵活多样的教育形式、教育手段，衡量教育及人才质量的标准多样化等。这些都对教育教学过程的设计与管理提出了更高的要求与挑战，它要求根据不同层次、不同类型、不同管理体制的教育机构与部门进行柔性设计与管理，它更推崇符合教育教学实践的弹性教学与弹性管理体系，主张为教育事业的发展提供更加宽松的社会政策法规体系与舆论氛围，以促进教育事业的繁荣与发展。

（七）生态和谐理念

自然物的生长需要良好的自然生态环境，人才的健康成长同样也需要宽松和谐的社会生态环境的滋润。现代教育主张把教育活动看作一个有机整体，这个整体不但包括教育活动的老师、课堂、学生、教育、实践、内容与方法诸要素的融洽与和谐统一，也包括教育活动与整个文化氛围和环境设施的和谐统一，把融洽、和谐的精神贯注于教育的每一个有机的要素和环节之中，最终形成统一的教育生态链整体。

（八）系统性理念

随着知识经济的来临及学习化社会的到来，终身教育成为现实。教育成为伴随人一生的最重要的活动之一。因而，教育不再仅仅是学校单方面的事情，也不仅仅是个人成长的事情，而是社会进步与发展的大事，是整个国民素质普遍提高的事情，是关乎精神文明建设及两个文明协调发展的全局性、战略性大业，它是一项由诸多要素组成的复杂的社会系统工程，涉及许多行业和部门，所以需要全社会普遍参与、共同努力才能做好。所以，与传统教育不同，转型时期我国正在形成的是一种社会大教育体系，它需要在系统工程的理念指导下进行统一规划、设计和一体化运作，以培养人们的学习能力，提升人们的生存和发展能力为目标，以实现社会系统内部各环节、各部门的协调运作、整体联动为基础，把健全教育社会化网络作为构成教育环境的中心工作来抓，促进大教育系统工程的良性运行与有序发展，以满足学习化社会对教育发展的迫切要求。

二、高校现代教育理念

（一）高校现代教育理念的概念

我国学界对教育理念问题的关注和研究，始于21世纪之初的基础教育新课程改革。新课程从教学目标的确立到教学内容的编排，再到教学方式的设计，都与传统课程有着根本的不同。教师要想适应新课程的教学工作，必须先转变教育思想和观念。教育理念研究逐渐从基础教育领域进入高校教育领域。

从已有教育理念的研究成果来看，其概念界定比较有代表性的观点如下：

有学者从教学理性认识的角度出发，认为教育理念是从先进的教育理论中演绎出来的有关教学活动的理性认识，是“教学应该怎样、为什么需要如此”的理想化认识，体现了教师对教学实践的价值期待及理想追求。有学者从现实与超越的视角指出，教育理念不仅包括教师对教学问题的现实性认识，也包括教师对教学问题的前瞻性价值判断与结果选择。有学者主张从教学规律的角度解读教育理念，指出教育理念是教师对教学与学习活动内在规律的认识，是教师对教学活动的看法及所持有的基本态度与观念。有学者从大学教师的角度指出，教育理念是指大学教师头脑中观念性地存在着的，关于学科教学和学生智慧发展等方面理论与信念的综合体，是指导教师教学实践活动的理论基础。有学者从融合与统一的视角指出，教育理念就是教学理念和教学理想的一种融合，是主观和客观的一种融合，是认识和信念的一种融合，是思想和行为的一种融合，是事实判断和价值判断的一种融合。有学者则从教学思维和教学价值观的角度出发，指出教育理念是关于教学的根本看法与思想，是教师对教学问题进行思维所获得的结果。

综上所述，学者们对教育理念概念的解读和界定，虽然存在着认识视角和侧重点的不同，但也反映了一些共同特点，即都主张把教育理念理解为教师对教学所做出的主观认识和价值判断，是教师对教学所表现出的态度与信念、期待与追求，是教师对教学所持有的思想与观念。

基于上述分析，我们认为高校教育理念是高校教师在长期教学理论学习与教学实践反思基础上创造生成的对教学活动价值及其本质规律的认识和判断。从本质上来说，教育理念体现了高校教师对“教学究竟是什么”及“教学到底能够做什么”的理性思考，深刻反映了教师对教学的应然状态及教学的理想状态的憧憬和向往，因而表现为一种指向教学实践活动未来的精神范式和理性品格。高校教育理念不同于教育观念，教育观念或者是以“非系统化”的方式呈现关于教学实践的感性认识，或者是以“意识形态”的方式呈现关于教学实践的理性认识，具有强烈的现实性色彩。高校教育理念也不同于教学理想，教学理想是教师对未来教学实践发展趋势的把握、想象和憧憬，它不仅具有鲜明的情感性特点，而且具有极为突出的信念性特征。高校教育理念处于教育观念和教学理想的联结点与关键点的位置，较之于教学观念，它往往弱化了现实性而更具信念性；较之于教学理想，它往往弱化了信念性而更具现实性。教育理念在高校教师的教学实践活动中发挥着方向性和主导性的价值作用，是更新教师教学行为的先导和灵魂。教育理念渗透和融入高校教师的教学过程之中，不仅影响着教师对教学内容的讲解、对教学方法的运用及对教学进程的调控，而且也影响着高校教师的教学态度及其对教学认知、情感和行为的投入程度，因而是高校教师教学成功的最深层支撑力量。

（二）高校教育理念变革的趋势

进入 21 世纪以来，随着我国高等教育大众化进程的不断推进，高等教育条件保障机制等方面遇到了难以预料的困难，由此引发的人才培养质量争议成为高等教育的热门话题。政府和高等学校回应这种社会争议的积极举动就是实施“高等学校教学质量与教学改革工程”，试图既改善高等教育的条件保障状况，又注重将物化的环境与条件转化为人才培养所必需的制度建设，不断推进教育理念创新。

贯彻党的教育方针，推进素质教育，坚持“巩固、深化、提高、发展”的方针，遵循高等教育的基本规律，牢固树立人才培养是高等学校的根本任务、质量是高等学校的生命线、教学是高等学校的中心工作等都属于新的高等教育理念。

通过新教材和立体化教材建设、网络教育资源开发和共享平台建设，建设面向全国高等学校的精品课程和立体化教材的数字化资源中心，建成一批具有示范作用和服务功能的数字化学习中心，完善服务终身学习的支持服务体系，提升我国高等教育的质量和整体实力。这需要充分考虑提高教学质量的系统性和复杂性，确定一些具有基础性、全局性、引导性的改革突破口，引导高等学校教育教学改革的方向，实现高等教育规模、结构、质量和效益协调发展。同时，也需要调动政府、学校和社会各方面的力量，把发展高等教育的积极性引导到提高质量上来，充分利用各方面力量支持高等学校的发展，切实解决高等学校在提高质量方面的实际问题，为高等学校办学创造良好的外部环境。

高等学校教学创新与高等教育质量提高是一对永恒的孪生话题。总体而言，我国高等学校教学创新在实践活动上可谓阵容庞大、气势恢宏，但在形式和内容上出彩不多。因此，在教学制度创新方面，要继续建立和完善教学评估制度、专业认证制度、高等学校基本状态、数据发布制度等；在教学活动创新方面，不仅要落实“教授、名师要上课堂”，还要努力建设高水平教学团队。同时，应继续突出学生的主体地位，不断加大学生选课、选专业余地，通过学分制使学生学习的自主性、自我责任心进一步增强，还应通过各级各类大规模、高强度的教学研究与教学改革立项和成果奖励，推动教学方法改革创新的激励机制，根本改变教学方法改革创新零散、自发、孤立、短效的局面。

第二节　高校教育发展的理论基础

随着我国高等教育向大众化教育阶段的过渡，多样化已成为我国高等教育发展的主要特征，介于研究型大学和职业型院校之间的地方本科院校，逐步成为我国高等教育体系建构中不可替代的中坚力量。研究和探索高校教育的起点范畴、特性和发展模式，正是大众化背景下高等教育多样化发展和建设高等教育强国不可回避的重要理论课题。

一、高校教育的起点范畴与特征

范畴是人的思维对客观事物普遍本质的概括反映，任何一种科学理论都是一个范畴体系，科学理论就是通过范畴体系来揭示其所研究的全部对象的。范畴水平的学理研究涵盖独特的研究范畴、学科体系和研究范式。其中，逻辑起点范畴的形成表征了人们对客体认识更深刻的理论水平，是理论范畴体系建构的基础和学科趋于成熟的标志。尽管目前有关高校教育逻辑起点的讨论并未实质性地展开，但是梳理相关研究不难发现，代表性的观点主要有三种:（1）专业性应用教育起点论;（2）技术教育起点论;（3）应用型教育起点论。这些观点相近而有出入，观点出入的深层因素源于逻辑起点的认识差异，反映出现有研究水平尚处于前科学时期，还有待实证层面研究的深入，并逐步走向理论水平研究的成熟阶段。应当看到，不同逻辑起点的理论体系并存是可能和必要的；但是，在研究过程中应将逻辑起点与研究起点区分开来。研究起点是现实的感性具体，而逻辑起点则是抽象的存在；研究起点是整个研究过程的直接前提，逻辑起点则是作为研究结果的整个逻辑体系的开端。逻辑起点作为一门科学或学科认识的起始范畴，其客观规定性要求它不能随人的价值取向的变化而更迭，随人的理论视野的区别而嬗变。因此，我们有必要先确认高校教育起点概念的内涵，以界定高校教育的基本特征，形成比较合理的学术语境和理论导向。

（一）高校教育的起点范畴

逻辑起点作为理论研究逻辑结构的起始范畴，有助于厘清理论体系的基本脉络，进而理解学科间的本质差异，划清学科独到的研究范畴。黑格尔在其《逻辑学》中对逻辑起点提出的三条规定性，迄今仍为研究者广泛认同：一是逻辑起点应是一门科学或学科中最简单、最普遍、最抽象的范畴，并且是一个起始范畴；二是逻辑起点应揭示对象的最本质规定，内在地蕴含着本学科体系发展过程中一切矛盾的“胚芽”，即逻辑起点能够作为整个学科体系赖以建立的根据、基础，展示具体而丰富的未来趋向，演绎出一系列的后继概念；三是逻辑起点应与它所反映的研究对象的历史起点一致，应在历史的起源上凝结为理论叙述起点的逻辑范畴，体现历史与逻辑相统一的原则。

众所周知，马克思的《资本论》正是从“商品”这个最简单、最抽象的逻辑起点出发，展开关于资本主义经济形态论述的典范——马克思证明资本主义经济的全部多样性都以胚芽的形式存在于“商品”之中。借鉴《资本论》对“商品”范畴的分析与规定性，逻辑起点还应具备这样两个特征：一是逻辑起点应与研究对象保持一致性，进而形成奠定其他范畴的基石和轴心价值的中心范畴或逻辑基础；二是逻辑起点同时能够以“直接存在”的形态承担一定的社会关系。正如《资本论》中的“商品”这一范畴，除反映其效用价值外，同时也反映了商品交换的社会价值，两种价值属性天然并存，缺一不可。

基于这一认识，笔者认为，高校教育的逻辑起点应是“专业性应用教育”，即高校教育应是“建立在普通教育基础上的专业性应用型教育”。这是因为，从这一逻辑起点出发，通过专业性应用教育规律、专业性应用教育原则等中介概念，可以到达“高校教育”这个核心概念，最后到达逻辑终点：专业高校教育的目的、培养模式及其实现途径。整个过程遵循从抽象上升到具体的逻辑思维方法，由最基本、最普遍、最抽象的起始范畴逐步展开，层层推演至较具体、较全面、内涵较丰富的终点范畴，构成严谨的范畴体系。

首先，从高等教育的性质来看，高等教育是建立在普通教育基础上的专业性教育，以培养各种专门人才为目标。专业性教育代表了高等教育的根本属性和本质特点。由于高层次专门人才的类型是多样的，既有学术研究型、工程研究型，也有工程应用型、技术应用型，因而，高等教育作为一种专业性教育，既可以是精英学科型专业性教育，也可以是大众应用型专业性教育。对目前的中国高等教育而言，精英高等教育与大众化高等教育同属于普通教育基础上的专业性教育，它们代表着高等教育的两个分支，代表着高等教育的两个发展方向，高等教育学科的一些基本理论和原则对它们是共同适用的。尽管学科型专业性教育与应用型专业性教育同属 5A 类阶段的普通高等教育，目的是使学生进入高级研究项目或从事高技术要求的专业，但两者存在着培养方向与职能方面事实上的差异。学科型专业性教育类属 5A1 型，侧重按学科分类，一般是为研究做准备的；应用型专业性教育类属 5A2 型，侧重按行业分类，一般是从事高科技要求的专业性教育。依此分类，应用型专业性教育应是位于学科型教育（5A1）和职业型教育（5B）之间的第二类型的专业性应用教育（5A2），这种教育面向上以行业性为主导，性质上以专业性为主线，类型上以应用型为主体，层次上以教学型为主流，模式上以实践性为主，与侧重学科性教育的普通大学教育同型异质，本质上应是建立在普通教育基础上的本科层次的应用型专业性教育，其特性是结合学科和行业分设专业，培养面向社会一线的专业应用型高级专门人才。因此，高校教育的性质决定了“专业性应用教育”能够作为最基本、最普遍、最抽象的起始范畴，揭示其异于学科性或职业性专业教育逻辑起点的“最本质规定”。尽管技术教育、工程教育乃至应用型教育这些概念范畴也能在一定程度上揭示研究对象的本质规定，但作为起始概念范畴，它们要么内涵偏窄，要么外延泛化，难以具备高校教育起始范畴的最基本性、最普遍性和最抽象性。

其次，从高等教育的价值取向来看，虽然专业性和高深性是高等教育的基本价值属性，高深的专门知识是研究高等教育一切问题、一切现象的逻辑起点，但就应用型专业性教育与学科型专业性教育移位发展的价值取向而言，学科型专业性教育强调基础性、广博性、普适性和非职业性，应用型专业性教育则强调专门性、针对性、实践性和行业性。专业是根据学科分类和社会职业分工需要分门别类进行高深专门知识教与学活动的基本单位。专业是相对于学科分类和社会职业分工而言的，学科分类和社会需求是专业形成的重要依据。学科有其特定内涵："一是学术的分类，指一定科学领域或一门科学的分类，如自然科学中的物理学、生物学，社会科学中的经济学、教育学等；二是指教育的科目。"不论是哪一种"学科"，学科性质都是系统的知识分类体系，而专业则是高等学校培养专门人才的基本教育载体；学科是一个知识范畴，专业是一个教学范畴；学科指向专门的科学研究，专业指向行业或职业分工；学科发展以知识的发现和创新为发展目标和价值取向，专业建设以培养满足社会需求的专门人才为目标导向。这是不同类型的高等学校内部学科发展与专业建设各自最本质的特征。应用型大学的学科专业建设不仅强调有成熟的学科和比较完整的学科体系作为支撑，更要求有稳定的行业需求和职业岗位作为基石，强调以培养专业应用型人才为宗旨、以专业建设为重点、以学科建设为依托，一手抓专业建设，一手抓学科建设，侧重以行业背景分析和专业走向为基础，针对职业岗位群的实际需要，设置具有行业针对性和适应性的专业结构群，并以此构建专业应用型教育人才培养体系，建构以学科带头人为龙头的专业教育团队，形成关键性的持续竞争优势。因此，按照应用型专业发展的基本规律，由"专业性应用教育"可以引申出专业应用型教育理论与实践体系的全部内容，并有效形成专业应用型教育体系的逻辑链：从逻辑起点——专业性应用教育，经过专业性应用教育规律——专业性应用教育原则等逻辑中介，最后到达理论体系的逻辑终点——专业应用型教育的目的、培养模式及其实现途径。可见，“专业性应用教育”能够作为高校教育其他概念范畴的逻辑基础，成为整个理论体系赖以建立的根据、基础，展示具体而丰富的未来趋向，演绎出一系列的后继概念。

最后，从高等教育的源流来看，随着社会专业分工的细化和职业的演变，“专业性应用教育”应是相伴培养专门职业人才的专业性教育机构而较早形成的历史概念。从西周时期的大学“辟雍”到古希腊的“阿卡德米学园”；从战国时期的“稷下学宫”到中世纪波隆那大学的建立，早就存在为社会培养官宦、辩士、医生、法官和牧师的专业性应用教育。中世纪大学的办学模式，一开始就带有一定的专业应用性。中世纪大学的基本目的是专业教育，时代要求大批受过良好教育的人以满足其需求，大学接受了这一任务。法律、医学、神学和艺术都是需要有能力并受过教育的人所从事的专业。专业教育的目标就是培养能够胜任专业工作的实践者。在中国，尽管“重道轻艺”成为主流价值观，但“工欲善其事，必先利其器”的“器善观”，仍随着“六艺之学”“畴人之学”而延续千古。从中世纪的大学到近现代的高等专门学院及我国的京师大学堂，高等教育经历了漫长的历史，但是“基于应用、讲求实务”，广育专业性应用人才，一直是它主要的社会职能。

如今，随着经济与科技尤其是新兴产业的快速发展，为弥补现有高等教育体系在人才培养和专业分布方面的不足与缺陷，保证人才培养结构的均衡和国家竞争力的增强，世界发达国家和地区大力发展高等专业学院或多科技术学院，这些专业性学院与普通综合大学并存与互补，共同构成普通高等教育体系的两大支柱，呈现出普通高等教育专业应用型发展的基本走势。可见，“专业性应用教育”作为逻辑起点能够以“直接存在”的形态，在历史的源流上凝结为理论叙述起点的逻辑范畴，与其所反映的研究对象的历史起点一致。

（二）高校教育的基本特征

专业性应用教育代表了高校教育的根本属性和本质特点，其与学科型或职业型专业教育的“本质规定性”的差异在于：这类教育结合学科和行业分设专业，培养面向社会一线的专业应用型高级专门人才，其面向上以行业性为主导，性质上以专业性为主线，类型上以应用型为主体，层次上以教学型为主流，模式上以实践性为主载，与侧重学科教育的普通大学教育同型异质，本质上应是建立在普通教育基础上的本科层次的应用型专业性教育。这类教育突出强调专门性、针对性、实践性和行业性，其定“向”在行业，定“性”在专业，定“型”在应用，定“位”在教学，定“格”在实践。具体体现为如下五方面基本特征。

1. 高校教育是以行业性为主导的教育

行业指向性是高校服务面向的主要特征，也是高校办出特色的根本途径。高校大多具有行业办学的传承优势，隶属地方管理后，其办学的空间区位性或地方适应性得以强化，而办学的行业指向性或产业对接链却逐渐弱化，致使没有行业纵向性支撑的区位横向性服务，因为缺乏支撑点而变得十分空泛盲目，人才培养与科技服务均找不到合理的专业结合点，往往背离专业性应用教育而与传统的学科性本科教育趋同。因此，遵循高等教育的外部关系规律，高校不仅要立足地方，更要着眼行业，应在更合理的区位行业性背景内，强调专业布局适应行业特征、人才培养适应行业需求、科技服务适应行业功能，建立行业指向性明显的需求驱动型的发展模式，形成与本地区的产业、科技和社会文化协调发展的机制，拓展特色办学的广阔发展空间，提高对地方经济社会发展的辐射力和贡献率，因地制宜地实现高校教育与区位经济社会的协调发展。尤其是不同地区的高校，应当从自身所处的区位差异、地域特色和行业发展的特定结构、特定背景出发，对办学目标体系中的各项指标，科学地、恰当地、实事求是地定位，而不能脱离本地区的行业发展实际，不顾学校自身的综合实力，盲目追求高层次、高水平、高指标。

世界各国高等教育的办学实践表明，高校只有融入行业要素和标准，切实增加行业参与的强度和深度，其发展才会有生命力。在法国，“大学校”与行业日趋密切的联系在改革中发挥了至关重要的作用。学校在开设专业课、实验课和实习课的基础上，通过毕业设计和生产实习的学程模式延伸专业教育链，加强与行业和企业界的渗透与融合，形成独特的专业教育特色。与此同时，法国“工程师职称委员会”每年公布一次授权颁发工程师文凭的学校名单，目前已有170多所“大学校”被授权颁发科技类工程师文凭，学生毕业时，不仅能获得毕业证书，同时还能获得行业权威机构的专业资格证书；毕业证书与资格证书两证挂钩，加强专业教育的行业性，是法国“大学校”在办学过程中，注重与行业和企业界密切联系并赢得办学成功的最好写照，也是“大学校”毕业生比较抢手的重要秘诀。

德国的高等专业学院大多设在中小城市及偏远地区，其专业课程设置也与当地的人文、地理、行业结构密切联系。如在某汽车集团公司总部开设汽车高等专业学院，在河海港口城市开办航运、船舶制造高等专业学院。这些专业学院十分注重与行业企业的合作，由行业企业主导整个实践教学过程，行业企业始终参与整个人才培养过程。这不仅加深了专业性人才培养的行业与地方背景，加强了高校与社会相关行业企业的对接，而且从地方经济和社会发展的规划布局上看，也有利于本地区产业结构和人力资源结构的优化，增强行业性就业能力，提高国民人均收入，从而进一步拓展学校发展空间。

可见，高校教育主要面向地方，为行业培养人才，只有充分适应地方行业经济增长方式转变和产业结构调整优化的需要，紧密结合地方社会经济发展特性和行业需求来确定应用型专业教育方向，才能使培养的人才与地方社会经济发展相适应，并切实发挥对地方优势行业和支柱产业的重要支撑作用，实现高等教育与地方社会经济的协调发展。

2. 高校教育是以专业性为主线的教育

专业是基于学科分类和社会职业分工的、高等学校培养各类高级专门人才的基本单位，专业性教育代表了应用型教育的根本属性和本质特点。高校教育本质上应是建立在普通教育基础上的本科层次的专业性应用教育，从而显示其异于学科型专业教育或职业型专业教育的“最本质规定”。

比较而言，职业型专业教育属于定向于职业岗位并更加体现职业针对性的5B层面的职业技术教育类型，强调专业定向与职业方向的密切联系，注重贴近社会生产实际和职业分工，侧重以与工作流程相适应的职业能力为主线，突出专业设置的职业性属性，更加突出职业岗位的接口性和就业的针对性，主要培养处于生产一线或社会劳动终端的技术型和技能型人才。

学科型专业教育属于定向于科学研究或工程研究领域，并更加体现学术倾向性的5A1类型的学术型高等教育，强调专业定向与学科研究方向的密切联系，侧重以与基础研究相适应的学术能力为主线，注重专业设置的学科性属性，更加突出理论知识的基础性、广博性、普适性和非职业性，主要培养将客观规律转化为科学原理、致力于科学研究的学术研究型人才，或将科学原理转化为工程原理、致力于规划设计的工程研究型人才。

应用型专业教育与侧重学科教育的普通大学教育同型异质，属于定向于工程应用或技术应用领域并更加体现行业适应性的5A2类型的应用型高等教育，强调专业定向与行业走向的密切联系，侧重以与工程技术等应用领域相适应的专业能力为主线，注重专业设置的行业性属性，更加突出专业教育的专门性、针对性、实践性和行业性，主要培养将工程原理应用于社会实践、侧重工程管理和应用的工程应用型人才，或将技术原理应用于生产实践、侧重技术开发与现场管理的技术应用型人才。人才培养的特点主要是指向职业带中的 CF 区域，即技术员与工程师的交叉区域，旨在适应高科技应用和智能化控制与管理一线工作要求，培养兼具专业性和通识性的本科层次的技术工程师、技术师、经济师、医师等专业应用型高级复合人才。

高校的专业教育是同时基于学科背景和通识教育的专业性教育。其专业内涵与专业结构既强调较强的专业应用性，又具备适度宽厚的学科基础；既有突出行业背景的应用型专业作为坚实平台，又有一定学科背景的宽口径专业或体现应用特征的主干学科和相关学科作为有力支撑。如机械工程及自动化专业的人才培养，应有力学、机械工程等主干学科的基础性支撑，也应有电子科学与技术、计算机科学与技术、经济学、管理学等多种相关学科的平台性支持。应用型专业教育培养的人才同样是“具有创新精神与实践能力的高级专门人才”，具备运用宽厚扎实的学科基础理论解决实际问题的较强能力。因此，高校的专业教育一方面必须注重专业结构优化，对基础学科专业应当在保护的前提下进行应用型方向的改造，对产业技术含量高的通用性专业应加强宽口径整合和专业群建设，对培养新型复合型专业性应用人才的交叉型专业应优先发展，对能为地方经济发展特别是地方产业升级和支柱产业发展提供重要人才支撑、技术支撑的应用型专业应重点加强建设，倾力打造成优势专业和特色专业；另一方面，高校的专业教育必须按照教育部规定的“培养基础扎实、知识面宽、能力强、素质高的高级专门人才”的总体要求，构建独具特色的专业应用型人才培养方案，着力促进专业应用型人才培养模式的整体改革。

3. 地方本科院校是高校教育的主体

在高等教育多样化和大众化的背景下，出于地方本科院校在高等教育体系中异质化发展的思考，“高校”“工程型本科”或“技术型本科”等类型概念应运而生。事实上，关于地方本科院校的类型归属问题一直存在着一些争议，争议的焦点在于：一，依据人才类型二分法划分，将本科教育简单地分为学术型教育和应用型教育并不科学，高等教育体系应由科学教育、工程教育和技术教育三种教育类型组成，分别以科学型、工程型和技术型人才培养为主要目标；二，人才类型与教育类型并不存在直接对应关系，培养本科层次的应用型人才是所有高等教育类型的主要目标但不是唯一目标，应用型人才的培养目标可以通过多种教育类型、多种途径来完成和实现。笔者认为，单纯将地方本科院校定位为“高校”，尽管类型上能够体现与学术型本科的移位发展，但外延的确过宽，难以定性类型结构和教育属性，并明显区分相关教育类型。但定位为“工程型本科”或“技术型本科”，外延又显得比较狭窄，可能适合某一本科院校的校情，却难以涵盖地方本科院校多元教育类型，而且极易模糊学术型教育与应用型教育的内在属性与价值指向。这里，尤其要对教育的“应用型”与“应用型”教育进行严格的逻辑区分。应当看到，“应用型”是所有高等教育类型都存在的基本属性，却不能简单地认为具有“应用型”的教育就属于“应用型”教育。教育类型划分主要是依据人才类型的内在属性与价值指向，如果学术型教育主要指向应用型人才的培养，或应用型教育主要指向学术型人才的培养，其性质和类型就将发生质的改变。尽管目前各类人才类型的边界日趋模糊，人才之间的重叠交叉日益拓宽，各类高校实施单一教育类型和人才培养类型的情形比较少见，但这种类型的重叠交叉应是基于非本质扩展特征的，本质上并不能颠覆或覆盖不同教育类型和人才类型的主导地位与核心价值属性。

基于上述分析，笔者倾向于二维界定法，即从高等教育的性质与类型这二维来界定地方本科院校所属的教育类型。首先，专业性代表了高等教育的根本属性，而高等教育既可以是侧重学科性的专业性教育，也可以是侧重应用型的专业性教育，两者存在着职能属性与培养方向事实上的差异，学科性的专业性教育以研究高深学问、培养高层次研究型人才为标志，应用型的专业性教育以满足多样化社会需求、培养高素质应用型人才为标志；地方本科教育主要定位于应用型的专业教育，这种教育与侧重学科性研究的普通大学教育同型异质。

其次，依据“学科性”或“应用型”的主导性价值取向，高等教育类型通常分为学术型与应用型两大类，学术型教育作为上位概念，涵盖学术研究型、工程研究型和技术研究型教育，应用型教育作为上位概念，相应涵盖学术应用型、工程应用型和技术应用型教育，其间主要存在类型指向和性质差异。

按照国际教育分类标准，学术型或研究型高等教育（含工程科学教育）类属 5A1 型学科性研究型的高等教育，工程应用型和技术应用型高等教育则类属 5A2 型专业性应用型的高等教育；高校教育主要类属介于学科性研究型教育（5A1）和职业性技术型教育（5B）之间，涵盖工程应用型和技术应用型教育，以本科层次为主的第二类型的专业性应用型教育（5A2）。因此，其教育类型定位应以专业性为特征，以应用型为主体。

4. 高校教育是以教学型为主流的教育

我国本科院校的流层结构一般可分为研究型、研究教学型、教学研究型和教学型四个层级。前两级以研究生教育为主体，或本科生与研究生教育并重，侧重基础研究和科技创新；后两级以本科生教育为主体，辅以研究生教育，侧重应用研究和科技服务。高等教育流层结构反映着高等教育的发展水平和多样化发展的必然走势，它在很大程度上是由国民经济的技术结构、产业结构与社会结构所决定的。尽管学术型大学和应用型大学都可以基于所属类型，实现由教学型向研究型大学的层次攀升和跨越，但这种攀升和跨越必须遵循高等教育发展的内部与外部规律，必须基于教育资源的传承优势和核心能力，基于自身学术资源的积累和社会人力资本的需求。

在高等教育多样化和大众化的背景下，现阶段高校必须承担高等教育大众化的任务和培养“数以千万计的”高素质专门人才的重要使命，承担培养专业应用型高级专门人才、服务区域经济社会发展的神圣职责，应安于“应用型为主”的类型定位和“教学型为主”的层级定位，着眼价值理性和特色创建的战略层面，以培养社会急需的专业应用型高级专门人才作为办学核心价值和终极追求，探索大众化高等教育的新范式，形成关键性的持续竞争优势，以真正超越学科型教育的专业高校教育模式，引领学校把握流向，移位发展，办出水平，彰显特色。

教学型为主的本科院校，首要特点在于确立教学中心地位，以专业性人才培养模式体现应用型教育的鲜明特色。人才培养模式集中体现了教育思想和教育理念，从根本上规定了人才培养的特性和方向，是培养目标、培养方案、培养途径、培养方式等要素的综合体现和规范模式。高校教育的人才培养模式，其培养目标与质量规格在达成本科教育所要求的学业标准的同时，应充分体现工程与技术应用型专业人才的特殊要求，侧重以与工程技术应用领域相适应的专业应用能力为主线，按照通识教育与专业教育相渗透、理论教学与专业实践相结合的原则，构建专业能力和素质拓展并举、以创新精神和实践能力培养为重点的理论教学体系、实践教学体系和素质拓展体系。其培养方案的制订，应处理好学科建设与专业建设、通识教育与专业教育、理论教学与实践教学、基础课程与专业方向的关系，更加注重应用型课程体系与教学内容的整体优化，使课程体系成为专业应用型人才培养的有机整体，从根本上改变传统学科导向型的课程模式，探索应用导向型的“学科基础平台——专业模块平台——素质拓展平台”一体化课程模式；培养途径也应有多样性的选择，分段培养、学程分流（如 3+1、2+2 模式）、实习实训、产学结合、弹性学制等培养方式与制度的改革，应贯穿人才培养全过程，以切实创建专业应用型人才培养模式的实践范式和大众化高等教育的特色范式。

教学型为主的本科院校，应同时重视学科建设和科研效能。大学是以学科为基础建构起来的学术组织，学科是承载教学、科研和社会服务的基础，是地方本科院校提升人才培养和科学研究水平、开发专业建设优质资源的重要基础，是学校增强核心竞争力、形成办学实力的显著标志。地方本科院校应以培养专业应用型人才为目标，以专业建设为基石，以学科建设为支撑，以队伍建设为关键，切实开展应用研究和科技服务，形成关键性的持续竞争优势。

5. 高校教育是以实践性为主导的教育

高校教育实现与学术型大学移位发展的关键，在于传承其重视和强化实践性教学的原有优势，创建高校教育独具特色的实践性教学体系。但有的学校“专升本”后却盲目照搬学科性教学体系，实践性教学功能反而弱化，实践性教学环节的组织缺乏连续性、系统性和衔接性，缺乏专门的实践性教学规划、管理和评价机制。实验课或依附于理论课程，或成为理论教学的辅助手段；实验内容以演示型和理论验证型为主，缺乏设计型、工艺型、综合型和创新型实验；实践教学设施及基地建设滞后，产学研合作教育机制不健全；实践性教学人员缺乏“双师型”素质的专兼职师资力量等。总之，现行的实践性教学水平和条件不足以满足高校教育专业型人才培养的要求，因此，必须对现行的实践性教学组织和管理模式进行改革与创新，必须建构具有专业高校教育特色的实践性教学体系。

实践性特征体现在专业高校教育的全过程，这是由这类教育的本质内涵和移位发展目标所规定的。高校教育要承担以培养创新精神和实践能力为重点的专业应用型高级专门人才的教育任务，其主要载体或途径在于加强实践性教学，构建与理论教学体系紧密联系的实践性教学体系。如前所述，专业高校教育视域中的人才培养体系包括理论教学、实践教学和素质拓展三大体系，尽管这三大体系的功能和实施重心不同，但强调实践性教学、培养“基础扎实、学以致用”的专业型人才是其共同元素和关键取向。

实践性教学是专业应用型人才培养工作不可偏废的重要组成部分。高校教育要想有效培养学生的实践能力，就必须加大实践性教学的比重，强化实验课教学、实习与实训教学、课程设计或社会实践、毕业设计或毕业论文等实践性教学环节，通过实践性教学的系统严格训练，加强与工作体系、工作过程的对接性，以提高人才的专业应用能力、开发设计能力、技术创新能力和综合职业素养，切实增强人才培养的专业应用型核心竞争力。实践性教学的重要途径是突出产学研合作教育。

有学者认为，产学研合作的深层次意义在于，它不仅是高等教育的方针政策，而且是现代社会发展的普遍规律，是培养应用型人才、提高教育质量的重要途径。其中“学”主要是传承知识，“研”主要是创新知识，“产”主要是应用知识，三者本质上都是知识运行的活动形式，存在相互依存的关系和内在本质联系。产学研结合教育重在发挥实践性教学的主导性，实现应用型人才培养计划与行业企业用人标准的融合对接，以合作教育为切入点，以人才培养为根本点，既有针对性地培养极具行业企业特征、极富实践能力的专业应用型人才，也更便捷地为企业提供科技服务，更充分地发挥校企各自优势，实现校企资源共享和双赢目标。其基本特征为：在目标定位的适应性上，主要以培养学生的实践能力、专业能力和就业竞争力为重点；在功能定位的互补性上，主要整合学校和社会两种教育环境和资源优势，实现间接教育环境与直接生产环境的融合；在模式定位的延展性上，主要体现为产学合作、工学交替、定向培养等多种实践模式，并注重在地方政府的主导和支持下，与行业企业合作共建开放性、多功能的实践性教学基地和科技服务平台，在为行业企业提供科技服务和智力支持的过程中，培养应用型专门人才。

二、发展高校的战略意义

随着社会经济产业结构的调整，技术发展速度加快，并不断向综合化方向发展，这对学生学习能力的提高、学位层次的提升都提出了新的要求与挑战。只注重操作能力和单一技术，忽视理论基础的高职高专与只注重理论知识，忽略动手操作能力培养的传统本科院校都无法满足科技发展的需要，因此，培养理论知识与实践技能兼备的复合型人才的高校必将成为大学的重要类型之一，成为高等教育系统的重要子系统，而且无论从理论视角还是从国内外高教发展实践来看，建设高校都具有重要的战略意义。

（一）高校是对学术性与职业性的统一

从办学层次（本科层次）和人才培养类型（注重应用型）两个维度来看，高校多指将自身办学类型定位于教学研究型，将人才培养目标定位于培养直接面向市场和生产第一线的高级工程应用型人才的服务应用型普通本科高等院校。高校概念的提出，是对原有学术性与职业性二元结构的突破，它打破了二元对立状态，确立了应用型的地位。可以说，从学理上讲，高等教育学术性与职业性的内涵并不截然对立，两者也并无优劣之分、崇高与低下之别。学术性是大学对纯学术、纯知识等目标追求的一种倾向，职业性是大学对知识的技术性或应用性等目标追求的一种倾向。作为教育实践中的两种偏向，两者之间还存在诸多过渡或中间状态。在教育实践中，两者是可以有机结合的，比如可以在同一所机构中实现完美的结合。结合我国的现状，5A1 类院校所对应的就是综合性研究型大学，5A2 类院校所对应的是多科性或单科性专业大或学院，5B 相当于我国的高职高专教育，介于研究型大学（5A1）和职业型院校（5B）之间的 5A2 类院校就是高校。

综合上述分析，无论是从学理上，还是从我国目前的院校类型和办学层次来看，笔者认为，高校就是打破高等教育系统学术性（研究型大学）与职业性（高职高专）传统两极力量的中间状态。具体从学理上讲，高校也调和了学术性与职业性的对立状态，实现了理论与实践、学术性与职业性的完美结合；从实践层面来看，高校调整了高等教育的类型结构，明晰了院校定位，促使高等教育结构向科学化、合理化方向发展。

（二）高校是对“重文法、轻理工”高教模式的调整与纠偏

历史地看，我国大学教育的应用型一直存在着，从 20 世纪之初经学的衰落，法政、工商、医、农等学科的流行，到民国时期高等教育通向农村的一系列试验，再到延安时期教育与实际的统一，这些都表明我国大学教育的应用性，教育与生产劳动和生产实践结合得十分紧密。中华人民共和国成立后，我国高等学校文科类、理科类专业的培养目标几经变化，都逐渐向应用型过渡。如文科类专业的培养目标，就经历了从主要培养“干部”到主要培养“专家”，再发展到主要培养“实际工作者”这样一个变化过程。而工科类专业，工科类院校（高等工业学校）一直比较重视应用型人才的培养，综合人才培养目标、类型来看，工科类院校（高等工业学校）就属于高校，而且从 20 世纪 50 年代到 80 年代，工科类院校几乎是我国高校的主体。

从 1954 年第一批全国重点院校确立之日起，直至 20 世纪 70 年代末，应用性较强的工科类院校一直在重点高等院校中占有较大的比重。从人才培养层次来看，通过查找相关文献资料，笔者发现，这些工科类院校所培养的学生多集中在本科层次，但也有少量的研究生层次和专科层次。作为一种院校类型，工科类院校是对旧中国“重文法、轻理工”高教模式的一次重大调整，

奠定了其在高等教育体系中的地位，并培养了大量应用型人才，为我国的经济社会建设做出了巨大贡献。只是随着大学朝综合化方向发展，工科类院校也逐渐成为综合性大学，尽管其工科仍颇具实力，但规模的急剧扩张还是不同程度地掩盖或削弱了其工科优势。

高等教育大众化以来，“高校”的提法和称谓开始走进社会公众的视野。这是有着深刻的历史背景的：

（1）伴随着高等教育宏观管理体制的改革，原本隶属中央部委的部分工科院校被下放到地方，变为地方管理，并利用其优势学科和特色学科服务地方。部分工科类院校要么被合并，要么新设大量文、法、商等专业，逐渐朝着综合性、研究型大学方向发展，“重理论、轻实践”的倾向突出，失去了高校理应具有的“应用型”，大学毕业生结构性失业矛盾加剧；

（2）多由高职高专或高等师范学校升格而来的地方新建本科院校逐渐失去其专科时的特色，专业设置求大求全，朝综合化方向发展；

因此，无论是人才培养类型，还是层次，上述三类地方院校都不能很好地满足社会，尤其是区域经济建设和社会发展对高层次应用型人才的需求，同时因培养的人才缺乏与社会的良好互动，而制约了学校自身的健康发展。与上述院校形成鲜明对比的是，20 世纪 80 年代，一些重点大学的分校就提出了“发展应用型教育，培养应用型人才，建设应用型大学”的办学宗旨，实现了专业由基础研究型向应用复合型的重大转变，走出了一条符合高等教育发展规律、适应社会需要、具有自身特色的办学道路，赢得了良好的社会声誉，对地方院校的发展起了引领和表率作用。

我国区域和地方产业结构非均衡化发展战略的实施，以及高等教育管理体制改革的深入，为高校的发展提供了重要的契机。特别是在高等教育大众化的时代，为了适应我国区域经济发展需要，再加上一些高校的表率作用，地方新建本科院校开始主动或被动转型，采取与精英教育“移位”发展的战略——大力发展高校教育，以赢得更大的生存发展空间，并收到良好的社会效果。即从人才培养类型和层次来看，作为高级应用型人才培养的主要承担者，高校成了区域经济发展的主要推动力量；从毕业生就业情况来看，还大大缓解了人才的结构性失业等矛盾。目前我国的高校队伍也越来越庞大，随着我国高等教育大众化进程的加快，尤其是1999年实行高校大扩招以来，为满足日益多样化的社会需求，教育部先后批准建立了百余所普通本科院校，而且基本上是从单一的高职高专“专升本”或几所院校合并而来的，具有行业办学特色；有的是经过合并，从高等专科学校升格而来，多为多科性院校；有的是高起点的本科层次的大学分校。其中一些高校还是原来的全国示范性高等工程专科学校，有其突出的办学特色和明显优势。

（三）高校建设是与国际接轨、提高国际竞争力的战略需要

从世界高等教育的实践与发展来看，建设高校也是我国本科教育与国际接轨，提高我国高等教育竞争力的战略需要。20世纪90年代以来，世界高职领域出现了一些共同趋势，其中最引人注目的变化之一就是一些发达国家和地区的高职院校纷纷升格为科技大学或应用科技大学等，但高职升格后的发展道路却不尽相同。职业教育发展比较成功的德国、芬兰仍然继承高职教育的特色，走高校之路。多科性应用技术大学旨在为学生就业提供技术培训，为学生从学习到工作的过渡铺平道路。相对于普通大学，应用技术类大学的学位具有显著的职业特色。其专业的设置非常适应工商企业发展的需求。

相反，英国的教训则令人深思。1993年，英国35所多科性技术学院全部升格为科技大学，但是大学的性质却发生了变化，逐渐向普通大学、综合性学术性大学靠拢。它所体现出来的不是双轨制的沟通、协调，而是双轨制的土崩瓦解、应用型地位的丧失、学术性主宰地位的失而复得。由于大学都

涌向学术性这一独木桥，千校一面的现象也在所难免。这对我国目前高校发展的严重趋同化具有重要的启示与借鉴意义。

通过世界高等教育实践的正反对比，笔者发现，在高校的发展过程中，办学层次已经不再是其发展瓶颈，升格是专科院校的必然与应然趋势，高校也可以逐渐举办硕士、博士研究生层次的学历教育，关键是如何集中有限的资源，保持与锻炼自己优势和特色——应用型，应用型才是高校的根基与可持续发展的源泉。

（四）建设高校是我国高等教育发展实践的现实抉择

既然高校历史上早已存在，现在重提高校就不仅是对我国高等教育发展现状的一种反思，是对当前高等教育机构趋同现象的纠偏与理性做法的回归。而且从实践层面来看，高校不仅为新建本科，尤其是高职高专升格后的发展指明了道路与方向，而且对推进高等教育大众化，服务地方经济发展，进而把我国建设成高等教育强国都具有重大的现实意义。

1. 建设高校可为定位模糊的新建本科院校发展指明方向

目前新建本科院校占全国院校总数的比例较高，与老本科院校相比，在办学实力上存在较大差距，为迎接升格评估，目前新建本科院校在规模和学科门类上也都比以前更大更全。那么，这一院校群体的发展定位是什么？是摒弃高职高专的老路子，另起炉灶，朝学术性、综合化发展，还是延续高职高专的应用性、职业性，建设成高校，这是新建本科院校持续发展亟须解决的问题。通过对高等教育发展历史的回顾与追踪，笔者发现，国际高等教育发展的经验与教训、我国教育发展的历史及当前面临的挑战，以及当前我国社会经济发展对教育的要求与期待，对我们具有重要的启示意义。即新建本科院校，尤其是从高职高专升格而来的本科院校，其发展必须注重内涵建设，不断凝练学科和专业特色，朝高校发展，只有这样，才能在打破原有高等教育系统的同时，采取移位发展战略，形成互补优势，并为自己赢得一定的生存与发展空间。

2. 建设高校是加快我国高等教育大众化进程的需要

根据我国高等教育机构的行政隶属关系，我国的大学可以分为中央属普通院校、地方普通本科院校与高职高专，可以说地方本科院校是我国高等教育机构构成的中间层次，是我国本科教育的主体。而地方本科院校又是我国高校的主体。地方本科高校是高等教育从精英教育向大众教育过渡时期改革的主战场，为国家培养了大量的本科生。尤其是随着我国高等院校多层次、多类型的分类指导体系和建设与评价体系的建立，传统的“学术型”本科教育的单一发展模式也会遇阻。目前，“211”工程的第三期已经启动，按照工程战略最初的构想，即重点建设“适应所在地区发展需要和主要面向所在行业，并起到骨干和示范作用”的百所院校，其所提出的面向地方和面向行业等发展方向，意味着部分“211”工程院校将转型为地方性本科院校，也就是说，相当数量的“学术型”本科教育将转变为“应用型”本科教育。只是部分大学办学历史相对悠久，科研基础相对雄厚，向应用型大学转变的过程相对比较漫长。但准确来讲，大多数院校仍然会办成高校。因此，如果把提出要“根据市场需求来培养人才”的部分“211”工程院校计算在内的话，那么广义上的高校数会更多，承担大众化的任务也更多。

3. 高校是地方社会经济发展的助推器与中坚力量

根据管理体制上的行政隶属关系，地方院校又分为教育部门的院校和非教育部门的院校。地方化是近些年来高等教育发展的主要特征和趋势之一。归属地方的管理体制也决定了地方政府是地方高校，包括高校的主要投资者和管理者。因此，为了获得地方政府和社会更多的支持，高校的人才培养、科学研究和社会服务大都围绕着地方经济社会发展而展开。在具体办学实践过程中，由于高校的科研实力相对较弱，得到的国家科研财政补助也较少，所以在招生、人才培养上就比较需要下功夫。

从大学招生方面来看，根据高校的办学定位——立足地方、服务地方，其在本省、市招收的学生所占比例都在 80% 以上，有的甚至高达 100%；在专业设置方面，高校紧密结合地方社会经济发展，包括地区经济产业结构调整和产业结构升级等对学校的支持和需求，通过一些横向研究课题加强与社会之间的联系，培养区域经济发展所需要的人才；从学生的就业方面来看，受生源所在地和学生所学专业的双重限制，除了一些热门专业外，毕业生基本上是在本地区就业。高素质的人才直接促进了地方经济发展，而这也是由高校的人才培养类型和层次决定的。具体来讲，高校既强调综合性研究型大学所注重的研究，重视基本知识和基本技能的掌握和学习，又强调高职高专等专科层次所注重的较强的动手能力，重视技术的应用与实施。两个层次和类型的结合、理论和实践的高度统一，使得高校所培养的高级应用型人才直接面向地方社会经济发展和产业发展结构，面向工业、工程领域的生产、建设、管理、服务等的第一线，直接从事解决实际技术问题的工作。这直接促进了地方经济社会的发展和地方产业结构的升级优化。

大学与社会之间关系的建构并不是单方面的，高校与地方社会包括政府之间已经形成了良好的互动。从实践效果来看，长期以来，高校已经与地方企业、支柱产业行业建立了良好的合作关系，成为地方社会经济发展中的高新技术产业“孵化站”和传统技术改造服务站，成为地方经济发展和社会变革的主导力量。而学校自身也依托行业和企业建成了一批基础雄厚的优势学科和专业，其中一些特色学科、专业甚至达到了国内领先水平，具有很大的优势。同时，这种与研究型大学和高职高专在人才培养类型或层次上的移位发展战略，不仅为其自身的发展拓宽了经费来源渠道，也在很大程度上解决了目前大学毕业生普遍存在的结构性失业或就业难等问题，为高校的发展赢得了更广阔的发展空间。可以说，地方的行业和产业特色已经成为地方本科院校生存发展的土壤，其应用性也成了地方本科院校持续发展的动力和源泉。

4. 建设高校是推进我国高等教育强国建设的必然选择

高等教育强国建设更多的是教育制度、教育体系的健全与完善，只有完善的教育系统才具有较强的适应性和包容力，才能使高等教育的功能得以充分释放与发挥。这就对我国各个层次、各种类型的教育提出了内在的规定。一个国家若想成为真正的高等教育强国，就必须形成类型和层次多样、特色和优势互补的高等教育系统。

无论从理论层面还是国际比较的视角来看，高校都是我国高等教育系统的重要组成部分。具体从人才培养层次来看，高校与高职、综合性研究型大学衔接有序；从专业设置与人才培养类型来看，应用型人才与高职高专培养的技术操作型人才以及研究型大学培养的理论或应用研究型人才错落有致，互为补充。其在独具特色的同时与高职高专、研究型大学优势互补，衔接有序，能够为我国高等教育强国的建设做好结构与功能上的准备。

第三章　高校教学的改革

教学是人才培养的关键环节，也是教育改革的重点所在，培养应用型人才，需要与之相适应的教学活动，传统的教学已经不能满足应用型人才培养的需要。因此，探索应用型院校的教学改革，就成为能否有效培养应用型人才的决定性因素。

第一节　改革开放以来本科教学改革

教学改革是高等教育改革中一个具有深刻实质性的重要组成部分，没有教学改革就谈不上教育改革。改革开放以来高校本科教学改革在政策的调整下所取得的成就是有目共睹的，但也存在许多问题，因此，有必要对这一时期的教学改革进行全面的总结与反思，肯定所取得的成绩并发现存在的问题。

一、本科教学改革政策变迁的特点

（一）政策环境直接影响教学改革政策的颁布

美国政策科学家安德森认为“政策行动的要求产生于政策环境，并从政策环境传到政策系统”。改革开放以来我国本科教学改革政策是因外部政治、经济、科学技术发展变化以及高等教育自身发展变革而提出的诉求，并随着政策环境的变化而进行调整。在改革的每一阶段，政策所要解决的问题、价值取向各不一样。从计划经济向市场经济转变、从20世纪走向21世纪，高等学校的外部环境发生了很大的变化，这种变化的社会环境要求人才培养具有多样性和灵活性，因此，政策从教学管理体制的改革入手，到教学计划、学科专业目录的调整，再逐步深入到教学内容和课程体系的改革，进而带动教育思想的变革；在高等教育由精英教育向大众教育过渡的背景下，教学质量的提高成为突出问题，教学评价进入政策的视野并付诸行动。总之，高等教育内外部环境的变化直接影响教学改革政策的颁布。因此，今后教学改革政策的出台应建立在对内外部环境变化研究的基础上，预测未来环境的变化，进一步提升教学改革政策的先导性、前瞻性。

（二）政策从协调冲突性矛盾向建立激励机制转变

一般来讲，政策产生于两种需要中的其中一种，一是协调冲突性要求，二是为集体建立激励机制。教学改革政策也不例外。改革初期，政策以协调学年制与学分制、指令性教学计划与自主性教学计划、专业口径的宽与窄、教学方式方法的先进与落后、课程内容的旧与新等多种矛盾为主，后逐步过渡到建立以教学改革立项、教学评价等方式为主的激励机制。20 世纪 90 年代以后颁布的教学改革政策大都以建立激励机制为主，激励机制政策建立在高校自主选择教学改革的基础上，更适合人才培养多样化的要求。

二、政策制定及其执行中的一些问题

从具体的政策文本来看，改革开放以来本科教学改革政策涉及了人才培养过程的全部环节，从理论上讲，按照政策指导培养的人才所具备的知识、能力、素质应该都不错，但是多年来大学生能力、素质不佳的报道和实证研究经常见诸媒体。这些现象都显示出教学改革政策本身存在一定的缺陷。纵观几十年来教学改革政策的制定与执行，有若干问题值得进一步思考。

（一）对政策问题的确认

政策问题的确认是政策过程的第一个环节，是政策的起点。在高校教学领域存在大量的问题，但是并不是所有的问题都是政策问题，政策问题需要有一个确认的过程。教学改革是一个渐进式的、摸着石头过河的过程——在改革初期，把教学管理制度作为突破口，试行学分制；在改革起步阶段，把下放教学计划制订权并调整专业设置作为教学改革的突破口；在改革的深化阶段不仅对专业设置、课程体系、教学内容进行改革，还改革专才教育思想为通才教育思想；近阶段则迫于规模扩招导致教育稀释而出台提高教学质量的政策。在改革过程中，政策的焦点不断转移和反弹。比如专业调整，经过一段时间的调整，专业数量下降了，但是不久又上升了，接着再颁布政策进行调整。高等学校的教学改革到底要改什么才能提高其所培养人才的素质是一个悬而未决的问题，政策问题的不确定性导致政策循环往复。

（二）人才培养的多样化、个性化与改革政策的统一性问题

在多年的教学改革中，大部分改革是在部分学校试点成功的基础上形成政策然后在全国推广的，如学分制的推行、人文素质教育的开展等。由于政策是一种社会活动，而不是单一的或孤立的事件，因此，本科教学在试点改革时，在某种程度上体现了人才培养的个性化，一旦以政策颁布的方式在全国高校铺开，则政策的“一刀切”又会导致人才培养模式回到了千校一面的情况，虽然改革促使高校教学工作得以前进，此千校一面非彼千校一面，但是政策的统一性与人才培养个性化、多样化之间存在的矛盾比较难以协调，需要在两者之间建立微妙的平衡。

（三）高校教学改革的主动性问题

一系列教学改革政策的频繁出台，说明教学改革还不是大部分高校的主动要求，而是在政策影响下开展的。社会在不断向前发展，科学技术日新月异的宏观环境要求高校不断进行教学改革。培养人才是高校的根本任务，教学工作是主旋律，因此教学改革是高校永恒的话题。高校自身应建立教学改

革的长效机制，而不是寄希望于一纸政策就能解决所有的教学问题。

第二节　高校教学模式

科学技术要创造性地应用于生产实践，应用型人才是其转换为现实生产力的载体。当今社会，理论素养、实践能力和创新意识的综合指标越来越成为评价人才是否优秀的标准，各行各业的发展也都迫切需要应用型人才的加盟，而培养这类人才的基本途径是学校教学，因此，加强教学工作是提升高校教育质量的根本举措。

一、高校教学的原则——实践性

高校的培养目标是应用型人才，而作为人才培养主渠道的教学则更具有实践性、应用性和技术性，其主要表现在教学目的的实践性、教学内容的实践性及教学过程与方法的实践性。只有如此，才能培养高素质的具有创造性精神的应用型高级专门人才，才能实现培养目标。因此，实践性是高校教学应遵循的基本原则。高校在开展教学工作时，应坚持实践性的原则，在各个教学环节凸显、贯彻实践性原则。

（一）高校教学目的的实践性

普通本科强调培养目标的通用性，更多的是培养研究与设计的学术型人才。而高校的培养目标是应用型人才，其主要包括技术应用型、复合应用型、服务应用型与职业应用型人才。高校的教学目标是其培养目标的具体化与细化，是培养目标的体系，是落实到实际层面上来说的。高校以培养一线生产实际需要的人才为核心教学目标，在能力培养中特别突出对基本知识的熟练掌握和灵活应用，以及解决实际问题的能力。

比较而言，高校对于科研开发能力不做更高的要求，强调实际动手操作能力与解决实际问题能力的培养；在教学目标上不是强调认知性目标，而是强调实践性、参与性与体验性等非认知性目标，在一定程度上具有实践性与体验性。如对某一职业的认识，不是停留在理性认识的基础上，而是让学生在参与实践的过程中真正了解与热爱其职业，使其更具有感性认识。从而在教学目标上对实践性进行规定，使其真正成为教学的起点，为整个教学进行正确导航；也以其为终点，对整个教学进行正确的评价。

（二）高校教学内容的实践性

本科教学体系可分为理论体系和技术体系两部分。普通本科教学强调理论体系，采用的是以学科为主的三段式的教学内容模式：公共基础课——学科基础课——专业课，它们具有鲜明的层次性，逻辑性很强，严格按学科知识的逻辑顺序来进行。普通本科教学也存在技术体系，但其主要是为理论体系服务的，居于次要地位，从属于理论体系。高校教学强调技术体系，教学内容并不是基于学科的，而主要是基于职业工作能力需求的原则来构建理论体系，因而教学内容是技术教育内容，而不是科学教育内容。再者，要使知识与技能真正内化为能力，必须通过实践环节。

因而，高校要采用实践性很强的课程导向模式。高校虽存在基础理论，但最基础的主要还是基于职业的能力培养高校在重视基础理论的同时，更应关注实践、实验、实习、训练、试验、证书培训、课程设计、毕业来设计，其内容要围绕着一线生产的实际需要来设计，要强调基础、成熟和实用，而不强调学科体系的严密逻辑及对前沿未知领域的高度关注。高校教学内容具有实践性，体现出很强的实践性特征，在整个课程体系中要凸显实践课程教学体系，实践课程教学课时数要达到一定的要求，要远远高于普通本科实践课程教学学时，甚至在某些专业方面要与理论教学达到 1 ： 1 的比例。

（三）高校教学过程与方法的实践性

高校教学过程与生产实际结合较密切，强调教学实施的过程取向，强调教学过程的生成性与发展性，更加重视课程设计、实习和实训等教学环节，所培养的人才比工程研究型人才与设计型人才更需要工程实践训练，更要有良好工程环境和氛围的体验。应用型人才培养过程更加强调与一线生产实际相结合，强调产学研的结合，产学研结合是实现应用型人才培养的根本途径。高校教学过程要紧密依托行业和当地政府与企业，建立产学研密切结合的教学运行机制，在教学方式上要与实际职业岗位相衔接，在教学的场地与时间上要具有弹性，不仅是课堂与教室，还一直延续到产学研的合作单位，使学生在实习训练中完成从理论教学到实践教学的过渡，从学校到职场的过渡，以凸显高校教学过程与方法的实践性，为学生的就业提供帮助。

二、高校教学的内容与方法

高校应积极开展教学改革，以便与提高培养目标的层次水平相呼应，高校的教学主要是按照本科教育的基本要求强化基本理论知识、完善学科体系、加强实践教学、强化能力培养等。相对过去的专科教育，高校明显加强了公共基础理论的教学，普遍重视学科的理论体系，如加强工科的“高等数学”“大学物理”，文科的“大学语文”等课程以及专业基础课程。同时为了加强大学生的教学实践能力和创新能力的培养，高校不断强化实践性教学环节，努力加强素质教育。从这几年高校的教学实践来看，高校的教学改革取得了许多成果，但与培养高校人才的要求相比，无论是教学内容，还是教学方法，其改革的力度和深度都还有待加强，而且要凸显高校教育的特色。

高校应重视按照本科教育的基本要求改革基础理论课程，但同时在专业课程方面无论是广度还是深度都应进一步加强。专业课程的改革，会直接影响培养目标的实现。专业课程教学内容和教学方法的改革到位了，培养目标提出的业务才能落到实处。

另外，对基础课程来说，不仅要有自己的教学目标，更要为专业课程打基础。专业课程对基础课程具有一定的导向作用，如果专业课程仍停留在原来的状况，则基础课程就容易陷入改与不改的困境，更会造成基础课程与专业课程的脱节，阻碍教学改革的整体推进乃至改革效益的提高，更会影响高校特色的凸显。

专业课程改革应紧紧围绕培养目标的业务要求来开展。高校以培养高校人才为己任，高校人才以掌握技术并能熟练运用为主要特点，因此，高校的教学内容和教学方法应紧紧围绕着学生掌握技术及其应用能力的培养来选择、组织和展开。分析高校近几年的教学改革实践可以看出，高校的教学方法，特别是专业课程的教学方法仍延续着专科教育做法，即注重实践教学环节和强化动手能力培养。专科教育与本科教育的教学方法虽然在形式上有些相同，但其实质是有区别的。高校在继承过去的成功经验和优良传统时，必须结合新的要求进行相应的改革，特别是专业课程的内容及其教学方法。

高校改革教学内容和教学方法对自身的发展是至关重要的。只有成功改革教学内容和教学方法，高校的预定目标才有可能实现，高校教育的特色才能凸显。因此，高校首先要调整先基础后专业的改革策略，实施综合改革策略，将基础课程和专业课程的改革相互配合、协调推进，从而保证基础课程和专业课程的教学内容前后呼应，具有良好的连贯性和一致性。其次要强化技术科学，以技术知识及其应用技能为核心重组教学内容，以培养技术能力为依据重构课程体系。再次要强化理论与实践的良好结合，所谓良好结合就是这种结合应该对社会的实际工作岗位有较好的模拟性，即学生应该在与将来的社会实际工作岗位相接近的环境中学习和掌握技术并得到一定的实际应用经验。最后还要注意的是，高校的实践教学应针对技术应用能力的培养来展开，不仅时间上要保证，更关键的是内容要贴切，要彻底改变过去“走过场”的做法，使实践教学真正起到培养能力的作用。

三、构建培养应用型人才教学体系的探索

就系统建设而言，一个良性循环的应用型人才培养体系应包括教学运行体系，包括教学思想的确立、课程的设置、教学的实施及其评价等环节。高校应紧紧围绕“应用型人才”这个培养目标，构建以能力为重心的教学体系。

（一）构建相对完善系统的理论教学体系

在理论教学体系的构建过程中，要对人才培养目标进行全方位的研究，在总体上设计出学生需要掌握的知识后，按照有所为有所不为的原则，对所有理论课程进行整合，构建出完整、系统的理论教学体系，同时为实践教学预留出充分的学分和学时。在理论课程的设置过程中，还应充分考虑到社会对人才的全方位要求和毕业生今后发展的需要，夯实学生的理论基础，使学生具备较为厚实的基础理论知识和必要的人文社会科学知识，提高学生的综合素养，为学生未来的可持续发展奠定基础；同时也要结合专业特点，实行分层次教学和分类教学。

（二）构建实践教学体系

围绕社会对人才创新、创业精神和实践能力的要求，需要构建从课堂内系统的、综合性的实践课程，到课外的自助开放实验、贯穿学习全过程的专业素质拓展训练和校外实习相结合的培养体系。根据高校人才多层次、多元化的能力特点，需要构建分类设计、分层施教、分步实施、独立设置的必修与选修相结合的实践教学体系。在教学过程中，在实验教学方式上要注重因果式引导、成果型训练，从而激发学生的专业学习兴趣与钻研的好奇心。另外，还应对现行的教学内容和教学方法进行改革。在观念上要明确任何一门学科都是围绕具体的研究领域进行阐述，并随着研究成果的积累而不断完善深化的过程。因此，教师应重点讲授研究和解决问题的思路和方法，鼓励学

生积极提出问题，参与讨论，以激发学生学习的积极性、主动性和创造性，并通过各种方法和渠道为学生提供学习和实验资料，促使学生努力探求知识，在学习的过程中始终保持着研究、分析和解决问题的兴趣。

（三）构建素质拓展教学体系

作为21世纪的应用型人才，应当具备良好的综合素质，才能适应社会不断发展的要求。因此，在理论教学、实践教学体系以外，还应该构建素质拓展教学体系。素质拓展教学体系的内涵包括社会综合能力的训练和专业外延的训练，既包括专业技能、专业素养的拓展，也包括社会综合能力的扩充，还包括学生精神气质的陶冶和身心品质的全面提升。素质拓展训练可以通过灵活多样的形式开展，包括各类专业证书教育、各类专项培训，以提高学生的专业应用能力和技术开发能力，使学生在各项培训和实践中提高素质，获得技能；还可以通过各种综合性技能竞赛，各类科技、文化活动提高学生的社会交往能力、团结协作能力。总之，以能力培养为中心的教学体系的整体构建，是培养知识、能力、素质和谐发展的高素质高校人才的内在要求，也是适应我国经济结构调整的客观需要。高校为社会培养应用型人才，是时代赋予的任务，也是高校在激烈的竞争中站稳脚跟，不断发展的必由之路。

（四）构建新的教学运行机构

改革过去单纯教学型的教学模式，解决偏重理论教学、对学生实践能力和创业精神不够重视的弊端，构建具有产、学、研一体化特色的教学运行机制。该运行机制以学科和专业为依托，以学科专业带头人和骨干教师为主要力量，充分利用现有学科专业的智力资源，打破院（系）行政机构的界限，融教学、实验、科研开发为一体，与实验室和实训基地建设相结合，具备开放性和综合性功能。在保证教学的基础上，面向社会和企业进行应用科学研究和开发，为社会提供技术咨询、项目研究、技术应用服务；同时注重将最新科研成果及时“转化”到课堂，将最新的知识传授给学生。不仅要成为学校人才培养模式改革的示范性场所，而且要成为应用型技术成果研发的基地。要参照公司运行机制，构建以科研开发和成果转化为主要功能的学科性公司，按照现代公司运作模式组建学校的产业资本、创业资本和人力资本。通过与企业合作或共同开发等形式，积极推动各项科研成果的开发和转化，实现学校“服务社会”的职能。在条件成熟时，创建具有学科特色的科技产业公司。最终实现以教学带动科研、以科研推动产业，达到提高教学质量、培养合格人才的办学目标。

制定和实施“教学管理细则”“教师教学规范”“理论课教学规范”“实验课教学规范”“毕业设计（论文）工作规范”“毕业实习工作规范”等管理规范，使教学各环节管理制度化、规范化。建立教学监督检查制度，监控教学各环节，形成教学质量监控机制；建立各项教学奖惩制度，通过教学通报教学事故的认定与处理等，在保障课堂教学合格率的基础上，不断提高课堂教学优秀率，为培养应用型人才提供制度上的保障。

（五）立足地方，依托行业，实现产学研结合

重组基础实验课程特别是工科本科的基础实验课程体系，发挥自然科学基础实验中心的作用，组建以工程技术实训中心为核心的跨院系的基础性实验或专业实训教学机构，形成基础实验、综合实验、设计实验三个实践教学层次，既能培养学生的工程意识和工程实践能力，又能培养其开拓创新精神。这样，一方面可以以实验室、实习工厂、实训基地（中心）为依托，保证培养学生技术应用能力的连续、梯次的实践教学顺利进行，实现“实验、科研、生产的一体化”；另一方面可以通过与地方政府和企业的合作，建立具有开放性的产学研实训基地，以人才培养、成果转化、共同开发等多种形式运作，以期取得良好的办学效益。应当有效利用社会资源，聘请社会与企业专家、

工程技术人员担任兼职教师，承担相关课程的教学和实验工作；委派中青年教师到企业挂职锻炼。以此形成一支既有较高学术和教学水平，又有较强实际工作能力的“双师型”专兼职教师队伍。根据学科优势和当地经济发展建设的需要，应用型高校应重点建设相应的具有产学研功能、能够实现资源共享的开放式实验中心或实训基地，使之不仅成为教学和职业技能训练场所，而且成为教师提高实践能力和进行科学研究的基地，成为政府机关、企业及事业单位相应层次人员岗位技能培训的基地。

第三节　高校的校企合作

高校的主要职责是培养技术应用型人才，直接为本地的行业和企业服务，促进本地社会经济发展。因此，校企合作是实现这类学校培养应用型创新人才的关键。但是由于取消了部门办学，原有的行业办高校与企业之间的联系被割裂，新建的大学与企业之间的合作缺乏有效的制度安排，因此虽然国家从政策层面反复强调校企合作，各地高校都在积极探索校企合作的模式，但是从总体上看，高校游离于企业和产业之外的状态尚未得到彻底改善。在高等教育多样化发展的背景下，应用型高校如何在明确自身定位的前提下，探索同时具有“应用型”和“本科教育”特点的校企合作模式甚为关键。

一、校企合作是我国高等教育改革的必然要求

高等教育改革和发展的一项重要任务是“优化结构，办出特色”，高等教育必须适应国家和区域经济社会发展需要，建立动态调整机制，不断优化高等教育结构。其中一个重点就是要扩大应用型、复合型、技能型人才的培养规模。应用型人才主要从事非学术研究性工作，任务是在一定的理论规范

指导下，进行社会化的操作运用，将抽象的理论符号转换成具体的操作构思或产品构型，将知识应用于实践。简单地说，应用型人才是符合社会实际需要的人才，除了具有一定的理论知识，更为重要的是具有实践能力。作为主要培养应用型人才的高等教育机构，高校必须与企业密切深度合作。

首先，应用型人才必须符合社会的实际需要。

在社会主义市场经济条件下，社会的实际需要最后具体落实到企业的需求上，只有深入企业，与企业合作，才能准确判断企业的实际需求，也才能对社会经济未来的人才要求变动趋势做出正确的预测。因此人才培养的规格和目标必须由企业与高校共同制订，企业还必须参与整个培养过程，包括制订培养计划、建设课程体系、确定教学内容、实施培养过程，最后参与制定人才培养质量评价的标准。

其次，应用型人才必须具有出色的实践能力，而实践能力的培养必须与企业紧密合作，单凭高校的师资、设备和环境是无法培养出学生扎实的实践能力的。

培养学生的实践能力，先需要具有实践能力的教师做指导。而我国传统高校的教师大多是从高校到高校的，很少有教师具有在企业工作的经历，直接从企业聘请的教师就更少了。培养学生的实践能力，需要学生真正参与工作流程和工作项目。高校尽管有实验室以及实训中心，但是设备与材料有限，难以创造一个真实的工作环境。

再次，应用型人才还必须具有一定的职业精神和职业道德。在封闭的校园中学习和生活，远离社会和企业，学生就难以接触企业文化和职业精神，靠课堂学习难以学会真正的职业道德，这将对他们毕业后融入企业造成障碍。

最后，校企合作是应用型高校实现为社会服务职能的重要途径。高等教育应增强社会服务能力，要求高校“牢固树立主动为社会服务的意识，全方位开展服务。推进产学研用结合，加快科技成果转化，规范校办产业发展”。

作为应用型高校，必须主动服务国家战略要求，特别是主动服务行业企业需求。

二、高校校企合作的特殊性

在高等教育已经成为社会中心的现代社会，校企合作对于任一类型的高等教育机构的生存和发展都意义重大。但是，由于人才培养规格不同、在创新型国家战略体系中所处位置不同、实现职能的侧重点不同，学术型大学和高职院校相比，在开展校企合作时有其特殊性。

（一）高校职能的侧重决定了校企合作的重点不同

校企合作既有利于人才培养，也促进了科学研究，更是服务社会的主要内容，对不同类型的高校都适用。但不同类型的高校对三大职能的侧重不同，对国家竞争实力的贡献不同，因此校企合作的重点也不同。

比较而言，学术型大学更加侧重于科学研究，致力于让我国的科学研究能力和学术水平处于国际领先地位，其服务社会的职能主要通过科研成果向生产领域的转化来实现。校企合作的重点在研究领域，与企业合作进行科技研发、研究成果的资本化及其向生产要素的转化，一般以项目的形式共同参与研究开发并进行相关的技术转移，其研发项目代表了本行业的领先水平。这类校企合作有望实现整个行业的技术突破，从而取得在全球化竞争中的优势。

高职高专院校侧重于教学职能即培养技术型的人才，服务社会的职能主要通过开展职前职后培训来实现，其校企合作侧重于教学过程。高职院校通常成立以相关企业人士为主的专业委员会，企业与学校在专业培养目标的论证、教学计划的制订、课程开发、教材编写、校内外实践教学基地建设等各方面进行合作，企业可以直接地、全方位地介入学校教学过程的各个方面。这类合作的目的是提高高职院校人才培养的社会适切性，满足国家在经济结构转型中对于技术人才的要求。

高职院校既要重视实践教学又要加强应用型科学研究，其服务社会的职能通过为企业提供技术指导、咨询以及应用型研究成果等方式实现。校企合作一方面在于学校为企业提供技术服务，另一方面在于企业为学校提供实践教学的条件。高校可以为中小企业解决技术问题，帮助中小企业设计开发新产品，提高我国工业企业整体的生产能力以及技术含量，帮助出口企业提高劳动生产率，开发高附加值的出口商品，实现出口产业链的升级，摆脱原来在全球贸易中的尴尬地位。

（二）不同类型高校的区域特征对校企合作的影响

学术型大学拥有各自的优势学科，其学术研究水平居于全国领先地位，在我国一般指“985”大学，都是部属高校，面向全国招生，其公共资金主要来自中央财政拨款。与这类学校合作的企业一般是国内甚至是国际上知名的大企业，在本行业具有技术领先地位。

高职院校一般是市属院校，为本地区的经济发展服务，因此要适应本地区的经济结构，培养当地企业需要的技能型人才，满足企业对技术能力的需求变化。这类院校数量众多，目前已有1000多所，其合作方式以工读结合为主，学生在其学习过程中多次进入合作企业进行实习实训。参与合作教学的学生数量多，合作的时间长，频度高。从适应性与成本控制的角度考虑，合作企业主要是高校所在地的中小企业。这也造成了高职院校校企合作的不均衡现象。经济发达地区企业集中，对技术人才需求量大，有意愿也有能力提供大量合作教学的条件，因此校企合作成效显著，如上海、宁波等地的校企合作就势头正旺。

高职院校除了在经济发达的大都市和省会城市比较集中之外，一般比较均衡地分散于各地，基本上每个地级市都有一所高校，它不仅成为该地区的教育文化中心，同时也是该地区的科学技术服务中心。高校培养的人才以满足本地区社会经济发展需要为主，同时辐射周边地区，并向经济发达地区输送技术人才。其科研成果的转化以及技术服务和咨询业务也必然与本地经济结构紧密相关，为本地区重点发展的支柱性产业服务。这类大学需要与本地区的中小型企业建立广泛的联系，不仅为单个企业提供服务，更重要的是与多家企业共同组成研究中心，对本行业带有普遍性的技术问题进行研究，推动本地区重点产业的技术进步和产业升级。如某师范学院地处江西赣州，当地优势产业是脐橙种植以及果品储藏和加工。该校与市果业局、市农业局、市柑橘科学研究所、某生物工程有限公司、某农业科技开发有限公司等单位通过会员制形式组建了脐橙工程研究中心。中心整合学校、研究机构、企业和行政部门的资源，既增强了研究能力，培养了研究人才，又为该地区从脐橙种植到加工的整个产业链提供技术支持。其目标是建设成为脐橙产业技术的创新中心、转化中心、辐射中心及人才培训基地。

（三）不同人才培养目标对校企合作的影响

学术型大学以培养科学研究人才为主要目的，其中包括应用型研究人才。其培养人才的重点在研究生阶段。本科教育是为研究生教育打基础的，因此以通识教育和基础理论训练为主，较少将本科生派往企业接受专业教育和技术教育。研究生则通常参与校企合作的科研项目，以科研促进教学，既获得研究经验提高研究能力，也可以更好地为将来在企业界进行应用型研究做准备。

高职院校培养实际操作能力强的技术工人，其目标是与企业无缝对接。最为典型的是订单式培养，学校招生与企业招工融为一体，学生入学就与企业挂钩，“厂校结合，工读交替”，在一定的学制年限内，多次反复安排学生进入工作岗位，从见习到实训到顶岗实习，由基础到专业知识循序渐进，理论与实践密切结合，学校教育与工厂培养相辅相成，不仅学习岗位技能而且融入企业文化，真正实现学校与企业的零距离。

高校的培养目标是在高新技术产业链中工作，可使研究工作深化、生产工艺水平和营销管理水平提高的“研究开发型”“集成创新型”“工程技术应用型”的中、高级应用型人才。从职业带理论来说，高校教育的培养目标指向技术员与工程师的交叉区域，即高级技术型人才或初级、中级工程型人才，也就是技术教育与工程教育在本科教育层次上的交叉部分。对文科来说，培养的是应用文科理论为社会谋取直接利益的人才。与学术型大学不同，高校生的培养重视的是实际工作能力而不是学术研究能力；重点不是知识的积累和创造，而是知识的应用。因此，这就要求在教学内容上将学科知识体系与实际工作过程结合，在教学方法中将理论教学与实习实训结合，在教学成果的检验中将毕业设计与设计样品的制作、安装、调试结合。这些教学要求必须在本科教学过程的各阶段通过校企结合才能实现。

学生一方面需要进行系统的科学理论学习，另一方面需要在企业进行见习与实践教学，了解企业的实际工作过程和工作需要，将理论与实践需要融会贯通。在实践教学中，学生不仅要了解一个企业的需求，更要掌握整个行业的现状和未来技术发展的趋势，这样毕业生才不仅有即时性的技术，而且具有前瞻性的眼光和迁移能力，能够成为适应企业发展的技术骨干。这就要求在校企合作教育中，除了个别专业为当地大型支柱企业服务，由企业赞助组建专业学院或专业班之外，大部分专业不宜进行订单式培养。虽然教学计划、课程开发、教学内容可以参考企业和行业的需求及时更新，但是应在全行业的范围内组织专业委员会，其成员必须在本行业内具有一定的先进性和代表性。专业委员会的建议只能作为课程开发的参考，教学计划不能放弃学科知识体系的完整性。

三、我国高校校企合作的模式

从各国高校校企合作的实践来看，其方式多样，设计安排灵活多变，有以教育为目的的校企合作，也有以科研开发为目的的校企合作，但更多的合作方式是将大学的三个职能融为一体，使双方实现共赢。我国高校起步较晚，开展校企合作的时间不长，但是也已经在实践中取得了一些初步的成果。

（一）以教育为主要目的的校企合作

这些合作方式主要以培养应用型人才为目的，主要包括四种：一是企业受大学的邀请参加专业委员会，为相关专业的教学计划、教学内容提供意见。二是企业向高校派遣兼职教师，帮助大学构建双师型教师队伍，如北京某大学应用文理学院规定各学科的教师编制中要有 25% 的社会兼职教师。三是企业与大学联合建立实验室和实训中心，如上海某大学与国内外企业合作，建设了多个高水平的联合实验室和研究中心。其“现代工业实训中心”与国外知名企业建立了联合实验室，与国内一些企业集团合作，建设了几个高水平的联合实验室和研究中心。四是企业为学校提供实习和实训场所。

（二）以科研为主要目的的校企合作——合作研究中心

某师范学院与企业以及政府相关部门合作的脐橙工程研究中心，围绕以脐橙为主的果业产业发展的关键技术，开展工程化研究、集成、示范与推广，在育种与栽培、土壤与肥料、营养与生理、病虫害防治、果品贮藏与加工等方面进行科研攻坚。其中主要实验室如工程中心的质检中心、土壤与肥料实验室、营养与生理实验室、病虫害防治实验室、苗木脱毒实验室、贮藏与加工实验室等均设立在该校的化学与生命科学学院，此举无疑将大大充实该校的科研实力，提高其科研水平。

（三）教学与服务的结合——在企业进行的生产性实训

以深厚的职业教育基础为背景，德国的应用型大学非常重视基于工作的教育，形成了完善的实训教学制度。德国某科技大学在 8 个学期中安排 2 个完整学期的实习。第 1 个实习学期的主要任务是让学生通过实习，加深对基础理论知识的理解，掌握本专业的基础工程技能，了解企业生产和管理的过程。第 2 个实习学期旨在培养学生的实际工作能力，工科专业的学生在此时要承担接近工程师要求的任务，实习学生要在企业中由有经验的专业人员或经营管理人员指导，完成实习任务。学生在实训期间的活动既是学习也是工作。作为教学过程的延续，学生接受企业兼职教师的指导，实习结束时除要由企业出具实习证明外，学生必须完成实习报告，由教授给出成绩。作为实习性质的工作，企业向学生支付报酬，一般为 600 ~ 800 马克，这可以视作学校向企业提供劳务。我国的高校也在企业建立了许多实训基地，主要是一些大中型企业和高科技 IT 企业。

（四）教学、科研与服务的结合

第一种模式是教师走出去。高校的教师和研究人员脱产挂职或者利用业余时间兼职在企业工作，为企业提供咨询服务。通过咨询活动，教师把在实际应用中获得的知识带回课堂，课程会因为现实中的例子而更加生动，促进教学与实践的结合，同时还能为学术研究提供新的问题和新的需求。上海某学院在这方面就进行了成功的实践，该校曾派遣了 8 位教师到企业挂职，主要是刚分配到校的新教师，一方面为企业提供服务，另一方面也是让新教师接触实际工作，为以后教学中理论与实践相结合打好基础。某电子信息学院派遣两名刚硕士毕业的新教师到相关企业挂职一年，其中一位教师在挂职期间为企业完成了一项重要的软件开发任务，受到企业的好评和挽留，挂职期满该教师回到学校工作，却保持了与挂职企业的合作。某师范学院经济管理学院的多名教师身兼多家企业的咨询顾问，常常将企业咨询的问题带到课堂的案例教学中，获得了良好的教学效果。

第二种模式是将企业需要带进来，教师根据服务企业的需要安排学生完成毕业设计。在德国、英国和澳大利亚等国，应用型大学的学生不必撰写毕业论文，但必须完成毕业设计。毕业设计必须解决实际的生产问题，所以一般由合作企业根据实际的生产经营活动遇到的问题提出。设计成果不仅要出图纸而且要出样机或样品，并且学生要参与安装、加工、调试。毕业设计包括从选题到完成样机、样品的全过程，保证了设计成果的可行性，做到了设计——工艺的一致性，对培养学生的独立工作能力，使之成为应用型工程师非常有利，其设计成果一般都能被生产企业应用。这是教学与科研、服务的完美结合，既完成了对学生的教学过程，又形成了新的应用型研究成果，同时顺利实现了研究成果的产业化，为企业提供了新产品开发的服务。

我国很多工科类院校也在实践和探索毕业设计（论文）与企业需求结合的道路。如某文理学院工科类专业的毕业论文选题来自企业，并在企业完成的达到 50%。还有某电机学院非常重视本科毕业论文选题与企业的合作，其工科类专业毕业设计（论文）选题中，半数以上来自企业。

四、我国高校校企合作的现状及存在的问题

通过对我国不同地区的一些高校的调研，我们欣喜地发现大多数高校都认识到了校企合作在应用型人才培养中的重要性，并且在实践中大胆地进行了多种尝试。但是由于无论在教学上还是在行政管理上保守思想仍然起着支配作用，又缺乏有效的制度支持，我国高校的校企合作尚处于探索阶段，学校与企业间的深度合作尚未形成。

（一）在企业开展的实习实训难以满足应用型人才培养的要求

虽然高校都非常重视实习实训这一实践教学环节，也多方联系并积极利用各种有利条件，建立了不少的企业实训基地，但是能够成规模接纳实训学生的企业不多。

1. 在企业进行实习的时间不够

德国某科技大学的第一个学期安排在专业学习和专长学习之间，即第3学期，使学生在理论学习的基础上，得以拓宽技能和能力，同时对职业有一定了解，获得一定的职业常识；第二个实习学期安排在第7或第8学期进行，要求学生到企业从事本专业工程技术人员的工作，并进行毕业设计。这样在企业实习实训的时间总长度为一年。

在我国传统的本科高校的教学计划中，学生一般只安排一次在企业的实习，大多安排在最后一个学期，以毕业实习的形式进行，一般为时4～6周。某电机学院积极发挥其隶属某电气集团的优势，创造各种条件安排落实企业实习实训。该校在教学计划的安排中，为各专业学生提供最少两次到企业实习或实训的机会。一般在第一学期安排一周时间的入学见习，主要目的是让新生通过参观相关企业了解本专业的职业性质。一周内安排四五家企业让学生参观，增强感性认识。在第八学期安排毕业实习，为期6周，如果毕业设计的选题来自企业，则可以通过实习期间在企业调研搜集资料，然后学生回到学校进行毕业设计或毕业论文的写作。

两次到企业实习实训的教学安排比较有效地增强了学生与职业之间的联系，尤其是第一个见习期的设计有利于学生加深对职业性质、技术岗位的总体性了解，是一种比较先进和有效的实践教学安排。但是，由于资源有限，时间比较短。从实习安排的时机看，一入学就进行见习，缺乏必要的基础知识，只能是走马观花，无法像德国某科技大学的学生那样可以通过第一个实习学期掌握本专业基础工程技能，了解企业生产和管理的过程。从总的实习实训时间看，我国应用型高校整个大学四年的实习时间加起来也不到一个学期，与德国某科技大学整整一年的实习安排相比，还是有很大的差距的。

2. 实习内容以参观为主，学生很少能得到动手操作的机会

虽然学校非常重视生产实习，学生也非常希望获得实际工作的经验，但是很多企业不愿意拨出专门的技术人员和生产设备来安排实习生进行生产性操作。由于我国的合作企业并无德国“教育企业”的身份，它们对学生实践能力的培养并不承担义务，因此学校深感无奈，只能退而求其次，通过在学校建立工程中心或者建立仿真环境下的模拟实验室来提供学生动手实践的机会。

3. 企业很少提供劳务报酬

由于学生到企业实习很少能够在第一线进行生产性操作，没有机会为企业创造价值，因此企业不可能付报酬给实习学生。相反，由于影响了企业的正常生产秩序，学校反而要向企业支付实习费用。因此，这种实习没有能够实现教学与服务的结合。

4. 在企业进行毕业实习难以有组织成规模地开展开发

能够成规模实习的合作企业对高校是一大挑战。联系实习单位对高校的教学管理部门来说，是一个比较重的负担。即便企业同意接受毕业实习的学生，限于规模，也很难一次性成规模地接受一批学生进行实习。高校与行业主管部门脱钩之后，不少高校难以获得足够的企业资源，只能要求学生自行联系实习单位，分散的实习活动的组织管理、与教学内容的衔接、实习效果的评估都难以有效开展。

依托某电气集团的资源优势，某电机学院电气学院的毕业实习基本上能够由学校组织，相对成规模地在对口企业和岗位上进行，其中接受学生实习

的主体正是某电气集团的下属企业。

相对来说，工科类专业较容易落实集中实习，文科和经管类专业则难以集中实习。大部分学生通过各种社会关系自行联系了实习单位并作为他们预就业的途径。

学生自己联系的分散实习往往不能很好地达到实践教学的目的。以某电机学院国际贸易专业为例，该专业将电气产品贸易作为该校管理类人才培养的特色，在教学计划中特别添加了电气类的基础课程，其目的是为集团培养电气专业方向的营销和贸易人才。但是作为人才培养的重要阶段之一，毕业实习却比较分散，大部分学生通过各种社会关系自行联系了实习单位并作为他们预就业的途径，其中少有学生从事电气产品销售。

（二）毕业设计（论文）与企业需求的结合尚有待加强

高校人才培养的关键环节之一是毕业设计（论文）。作为高校，毕业设计（论文）应该体现出与学术型高校完全不同的特点与风格。学术型高校的毕业设计（论文）重视知识的创造和科学技术的创新，而应用型高校的毕业设计（论文）则强调对知识的应用以及将新技术转化为产品，聚焦于解决生产环节中的实际技术问题。这样就要求毕业设计的选题与企业的需求相结合。

德国某科技大学的毕业实习要求结合毕业设计进行。其基本过程是：学生先到企业申请课题，与企业签订承担或参与项目的合同，然后通过设计、加工、安装、调试等一条龙锻炼，完成实习与相关的毕业设计。学生各有一个企业和学校的指导教师，毕业设计的答辩由企业和学校的代表共同组织。

我国一部分应用型高校已经认识到这个问题的重要性，但是大部分高校还很难做到这一点。

某电机学院非常重视毕业设计（论文）环节，要求尽可能结合生产和科研单位的实际任务选择课题。学校颁发了一系列文件加强对这一工作的管理，从选题、指导教师的审核与认定、毕业设计场地的安排到毕业论文答辩都进行严格的管理和质量控制，并对毕业设计全过程进行追踪管理。各学院也多方联系并利用自己与电气集团下属企业的良好关系，要求尽量将毕业设计与企业实践相结合，经过努力取得了相当的成效。

这也彰显了行业高校的巨大优势。某电机学院隶属于某电气集团，这种行政隶属关系有利于其人员以及其他资源的共享和互利。该校的电气工程及其自动化专业与某电气集团下属的企业对口紧密，因此占有先天的优势。同为工科类专业，该校的电气工程及其自动化专业能够从企业获得毕业设计（论文）选题的机会远远多于计算机科学与技术专业。不过，也有一些问题存在。

1. 专业间差异巨大

工科类专业具有先天的优势，而经管类专业则很困难。该校的工科类专业的毕业设计（论文）选题来自企业的比例明显高于经管类。

2. 与企业合作指导毕业设计（论文）未能够制度化，规模受到限制

来自企业的毕业设计（论文）选题往往集中在某些教师指导的学生中。这些教师一般具有企业背景，或与有关企业有某些合作关系，因此密切关注企业需要解决的技术问题，并掌握相关信息，能够给学生提供这样一些有实际生产价值的选题。而在一个学校，这样的教师总是数量有限，他们个人能够从企业获得的信息和选题也有限，随着扩招和学校的发展，如此有限的资源难以满足毕业生数量增加所带来的需求。因此，急需建立学校层面与企业间的密切合作伙伴关系，并将校企合作指导毕业设计（论文）的工作制度化。

3. 完成毕业设计（论文）的地点基本上在学校而非企业

即使是来自企业的毕业设计选题，其完成地点也大多在学校的实训中心。其原因在于：一方面，实习时间有限，一般本科高校的毕业实习时间只安排

几周，只够学生搜集相关资料；另一方面，企业难以提供完成毕业设计（论文）所需要的实验设备、原材料以及充足的指导。因此，学生最后还是回到学校的实验室进行毕业设计以及制作。

4. 即使在工科类专业，来自企业的毕业设计选题也往往很难在企业中得到实际应用

通过对一些毕业设计指导教师的访谈可以发现，来自企业的毕业设计（论文）选题很少由企业主动提出，要求学生通过毕业设计来解决其生产中的问题。大多数是教师通过与企业界朋友的关系，了解到企业急需解决的（有些是已经解决了的）技术问题，挑选出认为适合该专业学生水平的，分解成毕业设计的选题，让学生选择并指导学生完成。指导教师和企业认为毕业生的技术水平有限，其毕业设计还达不到满足企业实际需要的水平。因此，学生完成的毕业设计难以真正被企业采用，指导教师认为理想的状况也只是学生的设计中有一些灵感可以提供给企业借鉴。这种毕业设计显然还不能达到教学、科研与服务结合的目的。

（三）校企合作培养应用型教师遭遇制度障碍

1. 高校教师参与企业实践需要制度保障

虽然高校大都希望教师能够参与实践工作，但是学校管理者对于教师将部分工作时间用于企业咨询服务存在思想上的顾虑，口头的鼓励和制度上的限制成为一种矛盾，阻碍了教师对企业实践投入时间和精力。很多学校对待教师兼职的问题态度不明。一方面院系领导认识到教师到企业兼职有利于实践教学的开展和应用型人才培养目标的实现，但是另一方面学校行政管理部门担心这种现象会导致管理混乱。有的学校出于规范管理的立场明令禁止教师用非法定假日在企业兼职，有的学校则不做规定，既不支持也不反对。教师对此颇感困惑。

这种顾虑和矛盾在20世纪早期的美国高校中也广泛存在，并引起很大的争议。最终从麻省理工学院诞生了一种“每周一天”的制度，将教授参与公司咨询的活动合法化。即高校规定教师每周可以有一天的自由支配时间去企业兼职。这种制度目前已经在美国大学界普遍实行。

可见，学校的管理制度应该适应形势的变化，为学校的发展目标服务，而不是仅仅考虑管理者的方便。也有高校正在尝试制定相关制度，鼓励年轻教师在企业兼职以及将其在企业的工作关系转化为教学资源。从目前的情况看，这项制度取得了一定的效果。

2. 建设双结构型教师队伍需要制度创新

培养应用型人才必须有应用型的师资队伍，将高校教师派到企业去挂职或者兼职只是建设应用型师资队伍的方式之一。应用型高校必须有一批来自企业的高水平的工程技术人员担任实践教学工作。来自企业的教师不仅具有较扎实的专业知识、丰富的实践经验，而且能够把企业的生产、经营、管理以及技术改进方面的最新情况与教学内容紧密及时地结合起来，真正体现理论联系实际，使得学生能够学以致用。能够将企业工作的经验与一定的理论素养和学术能力有机地结合起来的教师当然是首选，如德国某科技大学的教师必须具有5年以上的企业实际工作经历，在这一类大学发展的初期，并不要求具备博士学位才可以担任教授，但现在也要求教授必须具有博士学位。

在我国的现实情况下，担任应用型高校教学工作的大多数是从高校毕业的博士或硕士（其中很多是从研究型高校毕业的），这些人极少有几年的企业实际工作的经历。要求在一个教师身上同时具有实际工作经验和较高的学术水平，在我国目前来看是不现实的。因此，一些应用型高校提出通过两条途径分别引进不同能力素质的教师，将其整合起来打造兼具学术能力和技术能力的教师队伍。

（四）校企合作有效开展的阻碍因素

我国高校的校企合作难以广泛和深入地开展，阻碍因素同时存在于企业、学校和政府等。

首先，我国的企业不承担教育的责任，接受高校学生的毕业实习并非其义务。接收学生实训，难免占用企业的生产设备、材料和人员，影响正常的生产进度。同时企业看不到校企合作培养应用技术型人才对企业有什么利益和好处，因此普遍对于接受大学生实习实训抱有一种抵触与逃避的态度。另外，企业承担毕业实习的指导工作，缺乏相应的保障措施和补偿条款，企业担心学生出事故，害怕承担风险。

在这方面，德国以法律形式保障校企合作的经验值得借鉴。在德国，企业参与工程师后备力量的培养既是一种义务也是一种荣誉。一方面，能够成为教育企业，虽然需要付出一定的人力和物力资源，但它说明了国家和社会对该企业资质与实力的认可，企业非常重视从中得到的无形资产。另一方面，随着科学技术的提高和生产方式的转变，德国企业对工程和技术人员的要求也越来越高。企业既可以通过接收实习生扩大影响，又可以在实习生中物色高水平人才。成为应用科技大学学习地点的企业可以占有优先考查学生各方面的素质和能力、优先引导大学生认同本企业文化的优势，从而在人力资源竞争中占有优势。

其次，有些高校对于校企合作的重要性认识不足。一些新建本科高校在升本时提出培养应用型人才，一段时间以后就开始转变办学思路，向研究型高校看齐，放弃应用型高校的定位而向多学科综合大学发展。这样工作重心就由应用型人才培养转向学科建设、科研指标提升，对于校企合作的制度性建设的积极性不够。

最后，政府未能在学校与企业间发挥积极的协调中介作用。在以前行业办学阶段，主管部门以行政命令手段要求国企接收实习生。政企分开后，政府对企业失去了约束力；企业对实习生的实际操作能力没有信心，不敢将生产任务交给他们，出于经济效益考虑，不愿花费时间和场地提供实习机会；而高校尽管强调理论教学与实践教学相结合，但是通过实验室和工程训练中心培养出的学生并不具备在生产一线直接为企业创造财富的能力，因此学校没有对等的资源与企业交换，只好缴纳一定的实习费给企业以换取学生实习的机会。

目前，我国教育管理部门对所有高校还是采用一个统一的制度进行管理，没能根据不同类型高校的性质进行分类管理。从专业设置、教师评聘到教学评估等各个环节，都急需出台适应于高校的特殊政策。

第四章　高校教育管理与创新

第一节　高校教育管理的内涵与价值

高校教育管理在高等学校中有其特殊的位置与内涵，价值重大。

一、高校教育管理的内涵

研究高校教育管理，先要明确其内涵。要全面、深入地把握高校教育管理的内涵，就要弄清高校教育管理的含义，了解高校教育管理的特点，明确高校教育管理的目标。

（一）高校教育管理的含义

管理涉及生活中的各方面，人们一般对管理有不同需求和不同角度的解读，若简单从字面意义上来说，管理有管辖和处理的意思，若具体展开来讲，管理的定义会多种多样。如教育学界，就对教育管理下了多种定义，这些定义在某种程度上也反映了管理活动的特性，其中最普遍的一个角度是从教育管理职能和过程的角度来看，教育管理是有计划、组织、指挥、协调和控制这几部分职能，其中根据重点的不同，对管理有着不同的理解：（1）从教育管理的协调作用来看，在组织中对人和物资的协调是为了完成组织目标，这一概念活动即教育管理；（2）从人际关系和人的行为来看，教育管理就是为了调动成员积极性、协调成员人际关系，进而达到组织目标的一种组织活动；

（3）从教育管理中决策的重要地位来看，决策即教育管理；（4）从系统论的角度来看，教育管理是一种固有的客观规律，人们可以通过影响系统，从而达到系统更新的效果，这样一个活动的过程就是教育管理。

综上所述，我们可以对教育管理下一个相对准确的定义，即教育管理是一种社会活动过程，是在一定的社会组织中，人们为了达到预定的组织目标利用人力、物力、财力、时间等资源，对组织进行计划、控制和决策的社会活动过程。

高等学校管理和人才培养的重点之一就是高校教育。高校教育由于其特定的地位，在管理中不仅具有一般管理的本质，还有其特殊的本质。

以下几点就反映了上述说法。

第一，高校教育管理是在高等学校这一特定的社会组织中进行的。社会组织是管理活动的必要组成部分。对高校管理而言，高等学校就是高校管理的必要组成条件，是专门为社会培养与输送人才的重要社会组织，高校管理的首要任务就是进行大学生的系统性教育与培养，在此基础上可以说，高校管理是为实现人才培养组织目标的一种特定管理活动。

第二，高校教育管理的目的是实现高等学校的人才培养目标，促进大学生的全面发展。与任何管理都是在社会组织中进行的一样，任何管理都需要有预定的组织目标，目标与管理是相辅相成的。高等学校为社会进行的人才培养是高校教育管理中的一项重要内容，高校教育管理要以实现高等学校的人才培养目标、促进大学生发展为首要且基本的任务，这样才能为社会输送德智体美全面发展的、创新和实践精神较强的社会建设人才。

第三，高校教育管理的实质是要有效地利用学校的各种资源，为大学生的成长成才提供指导和服务。大学生能够顺利完成学业，并且在高校学习过程中能够得到高等学校提供的各方面指导与服务，是高校教育管理最主要的目标与任务，如提供资助服务给家庭经济困难的学生、给毕业生提供必要的就业指导服务、对大学生在校期间的行为进行正确的引导等。因此，在此期间更需要高等学校有效地利用学校的人力、财力、物力等各种资源，进行科学的策划与组织，以期提供给大学生更多的成长空间与服务指导。

（二）高校教育管理的特点

高校教育管理在管理中具有特定的地位，其对大学生人才培养的引导与服务有着鲜明的特点。

1. 突出的教育功能

高等学校的人才培养工作离不开高校教育管理，高校教育管理除了管理的属性外，还有鲜明的教育属性。

（1）高校教育管理的目标服从和服务于大学生教育的目标

高校的教育管理是为了实现预定的教育目标。大学生踏入大学校门的目的就是接受教育，高校如何通过高校教育管理来实现大学育人目标，是高校管理者必须思考的问题，高校教育管理必须要以大学生圆满完成预定学习目标为服务基础，制定出可以促进大学生德智体美全面发展的管理措施，完成不断地为社会输送人才的目标。高校教育管理与大学生教育目标的关系是：高校教育管理是手段，大学生教育目标是手段实施的依据。具体而言，有以下两个方面。

第一，大学生教育目标的实现离不开高校管理目标的实现。有效且高效的教育管理，才能为大学生学习提供各种便利和服务，才能积极调动大学生的主观能动性，保证教学活动正常进行和学生的全面成长。

第二，高校教育管理的目标要以大学生教育的目标为实施依据。因为大学生教育目标的实施和贯彻，也就是高校管理目标在高校管理活动中的反映和体现，高校教育管理目标包括大学生教育目标，是高校教育管理目标之一。高校教育管理目标和大学生教育目标的统一，保证了高校教育管理的正确方向。

（2）教育方法在高校管理方法体系中具有突出的作用

高校教育管理活动应该以现代管理活动中最常见的教育方法为基础手段，提高高校教育管理的实施成效。而高校教育管理是在组织活动中实现的，组织活动离不开人的参与，而人是有思想的动物，其思想意识支配且影响着人的种种活动，所以一切管理活动都是以人为基础运行的，只有做好人的思想工作，以思想领先为原则影响他人，才可以引导和制约人们的各种活动。放到高校教育管理活动中来，就是通过对学生进行不断的思想道德教育来促使高校教育管理中的法律方法、行政方法和经济方法卓有成效地实施。

（3）高校教育管理过程同时也是教育大学生的过程

高校教育管理是对大学生进行指导和管理，蕴含着丰富的教育因素，高校教育管理的过程会直接影响大学生德智体美的发展，因此作为向社会培养和输送人才的高等学校，其管理工作的实施，一定要对学生产生积极的影响。要以人为本、民主法治、公正和谐的理念为基础，倡导从实际出发、遵循教育规律和管理规律、实事求是的科学精神，运用民主管理、依法管理、科学管理的手段，潜移默化地影响和教育学生。只有这样，高校教育管理制定的各项规章制度才能对大学生起到思想引导和规范行为的作用，值得注意的是，高校教育管理者在管理过程中的情感、态度和言行对大学生也有着不可估量的影响，因此高校教育管理者在管理过程中也注意自己的一言一行，努力成为正面积极的表率与模范。

2. 鲜明的价值导向

高等学校是为社会培养和输送人才的基地，所以高校教育管理至关重要。社会经济基础、政治制度和意识形态对高校教育管理的目的、管理体制和管理形式是具有制约作用的，因此要注意高校教育管理对大学生价值观形成、变化和发展的巨大影响。作为向全社会输送人才的高等学校，高校教育管理对人才的价值导向影响力巨大，如何为社会主义建设事业培养坚持社会主义价值导向的专业人才，是我国高校教育管理的一项重要课题。以下三方面就是对上述内容的展开阐述。

（1）高校教育管理的价值导向集中体现在管理目标中

人类实践活动的基本特征是目的性。人的实践活动总是体现一定的价值观念，在实践对象的属性和一定需求及其变化趋势的基础之上做出认知判断，是人实践活动目的的基本内容和活动特性，高校教育管理的目的和人实践活动的目的相同。实际上，大学生价值观的形成和发展离不开高校教育管理的引导和促进，高校教育管理的每个举措都影响着大学生的一言一行，从整个高校教育管理系统中来看，价值观的确定和设计，是高校教育管理目的实行与运作的根基，所以我国高校教育管理的实行，要遵从我国社会主义核心价值体系的要求，积极地贯彻社会主义核心价值观，实现中国特色社会主义的共同理想对人才培养的要求。以高校教育管理的重要目标为例，即建设并维护学生良好的教育教学和生活秩序。其中“有序”的价值观就在这一目标的执行下得到了良好的实行与发展，很好地推动与培养了大学生“有序”价值观的形成。同时，对大学生人才的培养是大学生教育以及高校教育管理的首要问题，如何培养、培养目的、培养效果等内容都蕴含着一定的价值观念和价值追求，包含这些内容的高校教育管理就是大学生教育的重点环节。

（2）高校教育管理的价值导向突出体现在管理理念中

作为高校教育管理指导思想的高校教育管理理念，对高校教育管理的原则和方法有着直接的制约作用，是对社会先进价值观的具体贯彻，对社会价值体系的鲜明体现。

（3）高校教育管理的价值导向具体体现在管理制度中

高校教育管理若想要实现规范化、制度化，其基本保证和主要标志就是制定科学又严谨的规章制度，这是高校教育管理能够顺利实施的基本手段。管理规章制度的制定离不开价值观念的指导和影响，其具有鲜明的价值导向，对大学生的价值观产生有巨大影响。具体而言，可以对大学生的行为进行一系列的要求，制度中可写明具体的行为规范。例如，对大学生什么样的行为进行勉励和倡导，对大学生什么样的行为必须强烈反对和禁止；对大学生什么样的表现做出奖励和表扬，对大学生什么样的表现做出谴责和惩罚等。

3. 复杂的系统工程

高校教育管理是一项十分系统的工程，高校教育管理与任何管理活动的相同点体现在其整体性、层次性、动态性和开放性上，而异同点在于高校教育管理活动具有其复杂性。

（1）高校教育管理的任务是复杂的

高校学生的专业学习和日常生活属于高校教育管理的内容，高校教育管理对大学生各方面各环节的培养和管理是任重而道远的，有其特有的复杂性。高校教育管理在实施的过程中，不仅要注意高校学生中心任务的顺利实行，即对学生学习行为和实践活动的管理和引导，还要注意从高校学生健康成长的角度出发，对诸如学生间交际行为、消费行为、网络行为等高校学生的日常行为进行管理和引导。通过以上工作对学生的异常行为进行早发现、早校正和早处理，以保证高校学生的健康成长。具体而言，一般可分为以下四个方面。

第一，对大学生现实群体与虚拟群体的管理与引导。随着现代科技的不断发展，社交应用媒体的更新频繁，高校学生个性的不同会导致其活跃在不同的网络社群，所以从实际出发，不仅要对高校学生现实群体如学生班级、学生党团组织及学生社区和生活园区的管理和指导，还要对高校学生依据网络平台形成的虚拟群体报以持续的关注与管理。

第二，高校学生校内外的安全都要进行关注与管理。高校学生的学习生活不只会在校内进行，校外也是其活动的重要组成区域，因此在高校教育管理工作中，不仅要对学生校园内的生活进行合理的引导和管理，还要对校园外的生活进行持续的关注和督促。

第三，开展高校教育管理工作的过程中，要全面地考虑学生的具体情况。不仅要关注可以调动全体学生学习积极性的奖学金评定工作，还要关注家庭困难学生的资助工作，双管齐下，才能保证高校学生学业的顺利完成以及学生心理的健康发展。

第四，针对新生与毕业生的不同情况，高校要运用学校的资源提供不同的指导和服务。针对新生，高校教育管理要及时帮助新生明确未来要实现的具体目标，制定合理且科学的职业生涯规划，推动学生对高校生活的合理安排，为其未来发展打下良好的根基。针对毕业生，要及时地为其提供就业与创业方面的信息，进行积极的服务与指导，促使学生能够快速地从学生身份向社会工作者的身份转变，最大化地实现自身价值。

（2）高校学生是具有明显差异和鲜明个性的

随着现代社会科技的进步，网络时代背景下，高校学生是处于一个信息爆炸的现状中的，信息的海量和易得以及自我意识的觉醒和增强，使持续受信息浸染的学生拥有了不同的精神世界和思想感情，每个人都有其特性。具体到班级单位，学生的年级和专业都是相同的，但班级内的每个学生都有着鲜明的个人特质，如气质、性格、兴趣和习惯等。另外，一方面，高校学生来自全国各地，不同的生活经历和生活条件会使他们的思想行为方面有比较明显的差异；另一方面，大学生崇尚个性的特质会使他们对自身个性的发展和完善有着较强的追求，这也造成了大学生个体之间的明显差异。学生是高校教育管理的对象，高校学生个体间是有显著差异的，高校教育管理对学生这种个人特质的遵循是有效地开展高校教育管理工作的前提，在这个前提下，高校教育管理对学生实行的因人制宜与因势利导的针对性工作，就具有了其特定的复杂性。

（3）影响高校学生成长的因素是复杂的

高校教育管理的目的是为社会培养和输送高校人才，而高校人才如何能够健康成长，是高校教育管理的重中之重。在现实生活中，影响高校学生学习生活的因素多种多样，不只是学校内部的教育生活因素，外部环境因素的影响也不可忽略。由于外部环境的构成因素非常复杂，因此高校教育管理的应对也呈现出相应的复杂化。

环境因素往往会通过学生的学习、生活活动、人际交往等方面，对学生的成长产生不可忽视的影响和作用。其中涉及了多种多样的环境因素：历史和现实的因素，自然和社会的因素，物质和精神的因素，政治、经济与文化的因素，国际和国内的因素，家庭和学校周边社区的因素。尤其是现代科技与信息飞速发展的大背景下，全球一体化趋势越来越明显，世界各国联系紧密，学生对世界各地信息的获取变得越来越容易，这些信息对学生思想和精神的影响也越发深远。以上各种环境因素的综合下，学生受到的影响是复杂而广泛的。

以外部环境为例。一方面，外部环境影响的性质是具有多重性的，分为积极影响和消极影响，二者互相交织、相辅相成。高校学生个体间的差异会导致同样的环境因素在不同个体上有不同性质的影响。以富裕的家庭经济条件为例，富裕的家庭经济条件可以是大学生顺利完成学业的有利条件，也可以是大学生铺张浪费、不思进取、荒废学业等行为的催化剂。另一方面，外部环境影响的方式是具有多样性的，可以分为直接影响和间接影响、显性影响和隐性影响；可以作用于大学生的思想情感，也可以作用于大学生的行为。因此，在学生的学习和生活中，高校教育管理不仅要对学生进行科学且合理的指导，还要针对外部环境对大学生的影响方面进行有效的调节和控制，从而运用积极影响抵消消极影响，促进大学生全面健康的发展。综上，影响学生成长因素的复杂性不言而喻。

二、高校教育管理的价值

高等学校是为社会输出高等人才的基地，因此如何促进学生健康发展是高校教育管理的重点，而高校教育管理工作的良好开展，对推动社会的进步、促进高等学校的可持续发展和提高大学生个体的成才都具有重大意义。

（一）高校教育管理价值概述

价值属于经济学范畴用词，商品生产的出现导致了价值概念的产生，凝结在商品中无差别的人类劳动就是经济学中价值的概念。随着社会的发展与科技的进步，价值的范畴进一步扩展，在社会政治、法律、道德、科技、教育和管理等各个领域中都得到了广泛而充分的应用与发展，逐渐成为人们评价一切事物的一般标准。由此可见，价值又在哲学意义上做了引申。客体对于主体的作用和意义是价值在哲学意义上的定义，是对客体的属性和功能与主体的需要之间的特殊关系的体现，即客体属性和功能对主体需要的满足关系。

在这里，价值又在一个关系范畴之中，主客体的存在是其存在的必要条件，具体可分为两方面来说:（1）主体的需要对价值的衡量具有重大意义，是衡量价值的标尺，判断事物或对象是否具有价值，也需要看该事物或对象是否可以满足主体的需要，由此可见，价值离不开主体；（2）客体的属性和功能是价值的载体，价值的实质，也就是客体的属性和功能对主体需要的满足，由此可见，价值同样离不开客体。

作为为社会输出人才的高等学校，高校教育管理的意义重大，它本身的属性和功能既满足了大学生成才的需求，又满足了社会进步的需求，同时反映到高等学校自身发展上，也满足了高等学校自身发展的需求，由此可见，高校教育管理亦具有较高的价值。关系范畴的价值主客体缺一不可，具体到高校教育管理的价值，其主体就是社会、高等学校和大学生，客体就是高校教育管理本身。这里我们分别进行具体阐述。

第一，作为客体的高校教育管理本身。高校是为社会输送各种各样人才的基地，高校教育管理对人才的形成、培养和成长都具有极大的推动作用，而对高等学校来说，高校教育管理的好坏，也直接影响着高等学校的发展，高校教育管理做得优秀，为社会输送的优秀人才增多，高等学校的知名度的加大，对高等学校的未来发展可以说是一个正向的反哺，所以高校教育管理的价值是建立在高校教育管理本身的属性和功能上的。

第二，作为主体的社会、高等学校和大学生。高校教育管理的最终目的是为社会输送合格的人才，高等学校是高校教育管理的实施者，大学生是高校教育管理的管理对象，社会是检验高校教育管理成果的验金石。

综上，高校教育管理的价值就体现在其属性和功能对社会、高校和大学生需要的满足上。另外，高校教育管理的价值还有几个明显的特点。

1. 直接性与间接性

作为高校教育管理价值的主体，即社会、高等学校和大学生，这些不同的主体受高校教育管理的作用方式不同，有直接作用和间接作用之分，即高校教育管理价值有直接性和间接性两个特点：（1）高校教育管理价值的直接性，是指没有中介环节，高校教育管理能够直接满足价值主体的需要。通常而言，高校教育管理能够直接地产生作用与影响的价值主体是高校大学生，即高等教育管理的实施是直接作用于学生个体的。（2）高校教育管理价值的间接性，是指需要通过中介环节，高校教育管理才能满足价值主体的需要。通常而言，高校教育管理通过对大学生的影响，才能间接影响到社会的发展。

2. 即时性与积累性

高校教育管理价值的实现是需要一个过程的，满足价值主体需要的过程时间长短不一，所以高校教育管理价值可以说同时具有即时性和积累性两个特征。短时间内，价值主体能够从高校教育管理处得到很好的满足，即高校教育管理价值具有即时性。例如，针对家庭经济困难的学生，及时办理相应的助学贷款，从而能够让他们安心地在大学进行学习与生活。若想达到高校教育管理价值的工作目标，需要对高校教育管理工作进行不断的积累，工作积累是一个长期的过程，即高校教育管理价值具有积累性。例如，为学生提供一个教学有序的环境，从而推动大学生的良好发展。

3. 受制性与扩展性

因为高校教育管理是直接面向大学生实施的，大学生在学习和工作中会受到多种多样因素的影响，因而高校教育管理价值也会受到多重因素的影响，高校教育管理价值的受制性就表现在此。可以大致分为正反两方面的影响：（1）当影响大学生的因素与高校教育管理作用的方向一致时，高校教育管理更容易发挥成效，高校教育管理的价值更易实现。（2）当影响大学生的因素与高校教育管理作用的方向相反时，高校教育管理的成效就会受到负面的影响，其价值就会难以实现。

以上讲的是各种因素对大学生的影响与作用，高校教育管理价值的扩展性所讲的内容正好与之相反，是指高校教育管理可以通过直接影响大学生的一言一行，从而间接影响外部环境与因素，从而扩展了高校教育管理自身的价值。例如，高校教育管理对科技创新的倡导，会直接影响与激励学生参与到科技创新的活动中去，从而间接影响到学校有关科技创新方面的发展，再进一步提高学生科技创新的能力和水平。

4. 系统性与开放性

高校教育管理价值是由多种角度和多种类别构成的有机整体，具有较强的系统性。在这里可以将高校教育管理价值按照各种不同的角度来进行分类，多方面解读高校教育管理价值的系统性，以下用几种分类举例。

第一，按主体分类。高校教育管理价值可以分为社会价值、高校集体价值和个体价值。社会价值体现在高校教育管理对社会运行与发展的作用；高校集体价值体现在高校教育管理对高校自身持续性发展的作用；个体价值体现在高校教育管理对大学生个体的培养和长远发展的作用。

第二，按形式分类。高校教育管理价值可以分为理想价值和现实价值。理想价值是高校教育管理不受任何因素影响，以最理想的状态实施运作，最终实现最终价值的状态，而现实中往往有各种各样的影响与阻碍，现实价值是在现实条件下正在实现或者已经实现的价值状态。

第三，按性质分类。高校教育管理价值可以分为正向价值和负向价值。

第四，按价值高低分类。高校教育管理价值可以分为高价值和低价值。高校教育管理价值是具有开放性的。随着价值主体和高校教育管理功能的变化与发展，高校教育管理的价值也会随之发展。社会发展日新月异，作为高校教育管理服务对象的大学生也在不断发生新的变化，服务对象的改变必然会导致高校教育管理的相应改变，以适应于管理对象，扩展管理的价值。例如，随着信息时代的到来，计算机网络对学生的影响越来越深，面对这种新情况，高校教育管理要及时关注并规范大学生网络的使用，从而跟进高校教育管理在网络中的价值扩展。

（二）高校教育管理的社会价值

高校教育管理通过培养与输送合格的高等人才作用于社会，虽然形式是间接的，但其社会价值对社会的影响仍然是广泛而深远的。中国特色社会主义建设对合格人才有着较高的要求，高校教育管理本身是实现其社会价值的重要手段。

1. 培养合格人才的重要手段

随着社会的发展，对人才的需求尤其是对高素质人才的需求越来越多，作为需要不断向社会输出人才的高等学校责任重大，高校教育管理的中心任务具体体现为：为社会培养一批又一批的专业人才，从而促进社会的进步与发展。高校教育管理在高校培养人才的过程中扮演了重要的角色，是高校培养人才的重要手段，意义重大。

（1）维护正常的教育教学秩序

高校规章制度的实行可以帮助高校教学活动良好有序的展开，高校教育管理对高校教育教学秩序的维护是高校有效开展教学的保障。具体实行中，高校教育管理可大致分为几个方面。

第一，高校教育管理要按照一定的制度对学生的学籍进行严格的管理。对学生的入学与注册、课程和各种教育环节的考核与成绩记载、转专业与转学、休学与复学、退学、毕业与结业等各项工作做到明了和有序，帮助高等学校建议正常的教学秩序，从而使其能够顺利地开展各项教育工作。

第二，具体到学生群体，高校教育管理要对学生群体进行系统又全面的学习管理，从而对学生形成一种正向的督促与激励，如规范学生行为、督促学生遵守纪律等，对良好学风的养成和教育教学秩序的正常建立十分有利。

第三，高校教育管理对学生团体的管理和引导，对建立正常的教育教学秩序具有很强的促进性。

综上，高校正常的教育教学秩序的建立是离不开高校教育管理的。

（2）激励、指导和保障学生的学习行为

教学虽然是组合在一起的词语，但“教”与“学”是两种不同的概念。从“教”与“学”中可以明显看出这是两种动作，代表着教师和学生的双向互动，因此教学的过程中“教”与“学”也是辩证统一的。在“教”与“学”的过程中，前者是主导，后者是关键。对大学生来说，学习是其主要任务，能否完成学习任务关系着大学生能否成为一个合格的人才，在这种情况下，高校教育管理就扮演着激励、指导和保障其顺利完成学业的重要角色。下面对这三个方面进行具体阐述。

第一，激励作用。高校教育管理可以引导学生对学习的意义产生正确的认知，让学生明白学习是实现其自身价值的重要途径，学习目的的明确也可以调动学生学习的主观能动性；奖学金和荣誉称号的设置，对优秀学生的表彰等行为，也可以激励学生全身心地投入学习中；在大学学习中引入竞争机制，组织各种具有竞争性的学习赛事，同样可以调动学生学习的积极性。

第二，指导作用。新生入学以后，高校教育管理可以引导学生熟悉大学教育环境与内容，使他们能够尽快把握大学阶段的学习特点和要求，尽快从被动性学习转向主动性学习；在大学学习的过程中，高校教育管理要引导学生及时发掘自身特点，根据社会实际的需要制订适合自身的职业规划，后期督促学生根据自身的职业方向明确学习目标，进而进行有计划有目标的学习；学生明确学习目标和规划后，良好学习方法的把握也是十分重要的，高校教育管理应给予学生一定指导，促进学生良好学习习惯的养成，进而快速提升自身的学习；在高校进行学习时，大学生社会实践活动的开展也是促进大学生学习的必不可少的一项内容，大学生不仅要掌握专业的理论知识，对专业理论知识的实践也是学习过程中的重要一环，在实践中对专业理论知识的理解和应用有助于大学生自身专业技能的加强与提升。

第三，保障作用。高校学生来自全国各地，每个学生的家庭经济状况都不相同，高校教育管理应切合实际，加强资助管理，对家庭经济困难的学生切实地做好助学贷款和助学金的发放，并对学生的勤工助学活动做必要的指导，从而帮助学生顺利完成学业。大学生的心理健康也是高校教育管理需要关注的一个方面，对学生进行及时的心理辅导，帮助学生缓解并逐渐克服学业焦虑，可以有效地帮助高校学生建立正常的学习与生活秩序。

（3）培养学生的思想品德

随着社会的发展，不仅对人才专业技能的要求越来越严格，对人才的思想品德和能力素养方面也同样开始着重关注起来，所以一个符合社会需求的人才必然要德才兼备。在大学生接受高等学校的教育过程中，不仅要对其进行深入细致的思想政治教育，还要以高校教育管理为辅助，督促大学生以良好思想品德为思想基础的行为习惯的养成，持续地规范大学生行为，促使大学生由他律转向自律。

现实生活中，大学生各个方面的发展都还未成熟与稳定，且每个学生的个性全不相同，再加上思想基础上的不同，大学生接受思想教育的意愿就显示出了一定的差异，因此，大学生在自律方面尚有欠缺且存在不同程度的差异。若要提高高校学生的自理、自律水平，加强高校学生遵循社会规范的自觉性，促进高校学生良好行为习惯的养成，就需要以思想政治教育为主、高校教育管理为辅，双管齐下，最大限度地推动学生自理、自律能力的提升。

高校可以利用高校教育管理功能，结合实际情况制定科学有效的规章制度，各项规章制度的严格执行，不仅对学生的行为管理和纪律约束产生强化作用，还可以使大学生的学习和生活都处于一种良好有序的状态，最大化地提升大学生思想政治教育的成效。

2. 构建和谐社会的内在要求

中国特色社会主义的本质属性是社会和谐，构建社会主义和谐社会是发展中国特色社会主义的基本要求和重要保证。对学生具有引导作用的高校教育管理的有效实施，对构建社会主义和谐社会具有重要的价值和作用。

高等学校是现代社会中不可或缺的重要社会组织，担负着培养人才、推进科技进步、传播先进文化的重要任务。构建和谐校园，是构建社会主义和谐社会题中应有之义，也是推进高等学校科学发展的内在要求。

第一，加强高校教育管理，引导和组织大学生积极发挥在和谐校园建设中的主体作用，是构建和谐校园的重要保证。

第二，加强高校教育管理，建立和完善学生参与民主管理的组织形式，引导、支持和组织学生依法参与学校的民主管理和实行自主管理，切实维护和保障学生在校期间享有的权利，引导和督促学生全面履行法律规定的义务，自觉遵守国家法律和学校管理制度，能够有力地推进高等学校的制度建设。

第三，加强高校教育管理，妥善地协调学生与学校、学生与教师之间的关系，维护学生的正当利益，实事求是地评价学生的思想品德和学业成绩，公正地实施奖励和处分，正确地处理学生中的各种矛盾和问题，可以使公平正义在校园中得到弘扬。

第四，加强高校教育管理，督促学生在学习考试、科学研究、人际交往和日常生活中坚持诚实守信，做到不剽窃，引导学生尊敬师长、友爱同学、团结互助，才能在校园中形成诚信友爱的良好风气。

第五，通过高校教育管理，充分调动学生的积极性和创造性，围绕专业学习，开展丰富多彩的社团活动和社会实践活动，鼓励、组织和支持学生开展科学研究、进行创造发明、尝试创业活动，才能使校园真正充满活力。

第六，通过高校教育管理，建立和维护学校正常的教育教学秩序和生活秩序，加强学生的安全教育和管理，保障学生的身心健康，有效地预防和妥善地处理学生中的突发事件，努力建设平安校园，才能使校园实现安定有序。

第七，通过高校教育管理，引导和督促学生自觉维护校园环境，节约使用水、电等各种资源，才能使校园成为人与自然和谐共处的生态校园。

高校学生党团组织、班级、学生会、社团等都是高校学生在高校内团体生活的主要表现形式，这些团体活动包含了政治、学习和生活等各方面的因素，对高校学生的思想有着直接而有力的影响。高校学生集体的和谐发展，不仅可以促进学生个人的健康成长，对高等学校内部的和谐稳定也有积极的影响和作用。

高校教育管理可以有效地规范大学生的集体活动，对大学生集体活动的和谐发展意义重大。下面通过三个方面进行具体阐释。

第一，高校教育管理可以指导高校学生集体自觉遵循学校规章制度，以高校人才培养和学生自身发展为中心，开展多样的集体活动，有效地发挥高校学生的主观能动性，促进高校学生集体发展和学校发展统一。

第二，高校教育管理可以增强高校学生的集体建设，即思想建设、组织建设、制度建设和作风建设等，加强高校学生间的团结互助和沟通交流，促进个体的良好发展。

第三，高校教育管理可以规范高校学生集体的秩序，正确处理各类集体之间的关系，在面对大的活动的时候，高校各学生集体间要加强沟通，争取互相之间的协调配合与支持，使大学生形成自我教育与管理的合力，促进高校内各学生集体的团结互助与和谐发展。

第二节 高校文化管理及创新

高校教育既是文化发展的重要成果，又是文化建设的重要载体。作为人才培养的基地，高校理应发挥文化育人的作用，为中国特色社会主义事业培养建设者和接班人。作为知识的集散地和思潮的发源地，高校理应成为社会文化的风向标和引领者。在推动社会主义文化大发展、大繁荣的进程中，高校一方面要加强自身的文化建设；另一方面，要承担文化传承创新、文化辐射引领和文化服务支撑的重要使命。

一、文化和文化管理的内涵及发展历程

高校文化是高校思想、制度和精神层面的一种过程和氛围，是理想主义者的精神家园，是学校里思想启蒙、人格唤醒和心灵震撼因素的结合体。高校应该让学校外的人神往，让学校内的人心情激动。学校是一个让我们永远怀念的场所。高校用人文精神培育出全面发展的优秀人才，使其成为民族复兴和文化复兴的中坚，引领社会前进。高校文化是知识、能力、人格的升华和结晶。

文化管理就是“人化管理”，就是以人为根本出发点，并以实现人的价值为最终目的的尊重人性的管理。这种管理是靠管理主体与管理对象之间所形成的文化力的互动来实现的。文化管理的核心是“以人为本”。

学校文化管理与企业文化管理有着密切的关系，它借鉴了企业文化管理的思想，但是学校文化管理更是它自身内在文化因素发展的必然要求。因为学校本身就是一种文化存在，是一个文化实体，它是以传承和创造文化为己任的，是以文化为中介培养人、塑造人的机构。

学校与文化的关系是其他任何社会要素、社会组织所不可比拟的，在学校管理中，更应当重视文化的因素。文化管理是学校管理顺理成章、水到渠成的结果。

学校文化管理是以文化为基础，注重学校文化建设，并利用文化要素和文化资源实施调控的学校管理活动，它具有价值性、伦理性、知识性、人本化、合作性、品牌形象性、整合性等特征。

学校文化是学校的灵魂。学校文化建设的核心在于师生的认同，认同的关键是参与。在学校管理工作中，制度比校长个人的经验、意志和人格魅力更重要，它更带有普遍性，起着举足轻重的作用。

二、文化管理的特点和意义

（一）文化管理和高校文化管理的特点

1. 文化管理的特点

（1）管理的中心是人

从科学管理以物为中心转变为文化管理以人为中心，人既是管理的出发点，又是管理的落脚点。尊重人、关心人、培养人、激励人、开发人的潜力，是文化管理的关键。

（2）管理的人性假设前提是“善”

科学管理把人看作“经济人”，以“性恶论”为哲学依据；文化管理把人看作“自我实现的人”和“观念人”，以“性善论”为哲学基础。

（3）控制方法追求主动

科学管理以外部控制为主，重奖重罚是主要手段；文化管理中心内置，依靠人文关怀等激励手段调动、激活行为主体的内在需求和动力，追求主动发展。

（4）管理重点为文治

科学管理直接管理人的行为，职工的一言一行都有制度约束，是典型的法治；文化管理严于管理人的思想（信念和价值观），间接影响人的行为，是一种新的管理方式——文治，即以文化来治理。

（5）领导者类型为育才型

在科学管理中，领导者恰如乐队指挥，属于指挥型领导；在文化管理中，领导者既是导师又是朋友，属于育才型领导。

（6）激励方式以内化为主

科学管理以外塑为主，依赖于工作的外部条件；文化管理以内在激励为主，着重满足职工的自尊和自我价值实现的需要，依赖于工作本身的魅力。

（7）管理特色具有人情味

科学管理的特色是纯理性管理，排斥感情因素；文化管理的特色是将理性与非理性相结合，是有人情味的管理。

（8）组织形式具有开放性

在科学管理中，权力结构明确，是“金字塔形”组织；在文化管理中，权力结构模糊，管理者与被管理者更为平等，是平等沟通、自我学习的学习型组织。

（9）管理手段具备“软”特征

科学管理是依靠强制性的制度和物质手段的投入；文化管理是依靠思想交流、价值观的认同、感情的互动和风气的熏陶，即依靠非强制性和非物质性手段的投入。管理由硬管理为主走向软硬结合，以软管理为主。

（10）管理者和被管理者的关系转变为同伴互助

科学管理强调了上级与下级之间的关系，管理者靠制度约束人；文化管理中管理者和被管理者是为了共同的目标而携手并进的，是合作伙伴关系。

2. 高校文化管理的特点

作为人才培养的基地，高校理应发挥文化育人作用，为中国特色社会主义事业培养建设者和接班人。作为知识的集散地和思潮的发源地，高校理应成为社会文化的风向标和引领者。突出“以文化人”的教化性，这是高校文化区别于其他文化形态的重要特质；注重主流价值的导向性，这是建设社会主义高校文化的必然要求；建设各具特色的高校文化，这是各个高校张扬个性、增强文化发展生命力的关键所在。

（1）教化性

以人才培养为天职，高校文化必须始终围绕育人这一中心任务展开。高校教育教学“以文化人”，即通过文化潜移默化地感染人、熏陶人、教化人，从而达到情感陶冶、思想感化、价值认同、行为养成的功效。按照马克思主义的观点，教育的目的是促进人的全面发展，高校文化育人的过程实际上就是塑造健全人格、开发智力潜能、丰富生命内涵，使受教育者得到自由、全面、完整的发展过程。

（2）导向性

文化并非一个中性的概念，其本身具有鲜明的价值取向。当今社会呈现出多元思想文化相互交织、相互激荡的格局，需要一个占主导、支配地位的价值观来引领高校文化建设。在高校文化建设中，必须坚持以马克思主义为指导，坚持不懈地用中国特色社会主义理论体系教育师生，推动中国特色社会主义理论体系进教材、进课堂、进头脑；加强理想信念教育、弘扬以爱国主义为核心的民族精神和以改革创新为核心的时代精神；深入开展社会主义荣辱观教育和社会主义核心价值体系建设，全面加强学校思想道德体系建设。

（3）独特性

有个性、有魅力、特色鲜明的高校文化才是有生命力的文化。虽然高校精神具有探索真理、崇尚学术、传承文化等共性追求，但由于各个高校文化传统、类型风格各异，社会对高校的需求多样化。因此，必须建设和发展各具个性的高校文化，营造不同类型、不同层次、不同风格的高校文化形态，形成异彩纷呈、和谐互补的整体高校文化格局。多年来，我国不少高校办学定位趋同、办学理念雷同，导致高校文化建设缺乏个性，存在着同质化的倾向。

（二）高校文化管理的意义

文化，这是一种历久的精神创造活动及其成果。对一个民族来说，文化是民族之根；对一个国家来说，文化是国家之魂。纵观高校发展的历史，正经历着从经验管理、制度管理（科学管理）向文化管理转型的历程。学校文化管理是一种新型的更高级的管理形态，是学校经验管理、制度管理（科学管理）的总结和升华，是管理内容的回归，是与知识经济时代相适应的学校新的管理方式。作为学校管理者，构建文化校园，积极推进学校文化管理具有极其重要而深远的意义。

文化对学校和人的发展存在的影响可以从深、广、远、忧四种状况来理解：（1）深。学校文化管理是一种内隐的、深层次的、无形的力量，这种力量决定着学校的改革、发展和成败。学校文化具有导向功能、提升功能、凝聚功能、激励功能和稳定功能，为学校的发展带来动力。（2）广。文化无处不存在、无时不体现，弥漫在整个学校的全部生活之中，甚至影响到社区文化和城市文化。（3）远。与生俱在、与校共存、与人同享，在学生时代有幸经历的先进学校文化熏陶会一辈子回味无穷、受用不尽。（4）忧。市场经济急剧发展，竞争空前激烈。社会财富增加，但文化价值导向落后。先进学校文化建设是学校优质发展的根本，没有文化的学校是薄弱的学校。因此，只有学校文化，只有学校的不同追求、不同理想、不同价值取向以及由此形成的不同管理风格、工作方式和生活方式，才是一所学校区别于其他学校的根本特征。

高校文化的内部功能主要表现为教化育人，高校文化的外部功能则包括文化的传承与创新、传播与辐射、示范与引领、服务与支撑诸多方面。高校在服务文化发展、促进文化繁荣方面重任在肩，大有可为。

1. 文化传承创新功能

高校既是一种教育机构，又是一种文化存在，传授知识、传承文化是高校与生俱来的职责。传承是创新的前提，创新的方式则是扬弃，在掌握前人积累的文化成果的基础上，去粗取精，赋予新义，创立新知识，形成新文化。高校正是这种新知识、新思想、新理论产生的重要摇篮，通过继承民族优秀文化，借鉴世界进步文化，创造时代先进文化，丰富精神文化的内涵，充实人类智慧的宝库，推动社会文明进步。

2. 文化辐射引领功能

高校是社会文化的组成部分，同时又以其自身的优势深刻影响着社会文化。高校是研究高深学问、探索真理的知识殿堂，也是高学历、高层次人才相对集中的地方，承担着影响、辐射、引领社会文化的功能。高校文化通过价值判断引领社会的文化选择，通过升华大众文化、超越流行文化、彰显高雅文化、强化主流文化，对社会文化起着积极的辐射和示范作用，引领社会文化向着健康方向、更高层次发展。从历史上看，高校一直是各种新思想新理论的发源地，是各类思潮和运动的策源地，历来引领文化风气之先。在历史的转折关口，往往是高校率先高擎时代的火炬，高校文化对整体文化质态的建构和文化精神的塑造具有辐射、提升、示范和引领作用。

3. 文化服务支撑功能

高校不仅以独特的高校文化影响社会文化，更以培养的大批人才去带动社会文化的发展，通过科学研究和直接的社会服务，推动社会文化的进程。在新的历史条件下，高校要充分发挥文化建设的人才库、智囊团和思想库作用，提升服务社会主义文化发展的意识和能力，为发展文化事业、文化产业及深化文化体制改革输送优秀人才，提供智力支持。高校应加强文化领域的专业建设，增加优秀传统文化课程内容，建设优秀传统文化教学研究基地，为社会输送大批高质量的优秀专业人才；应加强文化领域的学术研究，繁荣发展哲学社会科学，不断推出理论研究和文化创作的精品力作；应积极参与构建有利于文化繁荣发展的体制机制，拓展为发展文化事业和文化产业及深化文化体制改革服务的渠道，壮大文化志愿者队伍，开展各类群众性精神文明创建活动；应积极构建国际文化交流平台，推动文化“请进来”和“走出去”，为提升国家文化软实力、增强国际话语权做出应有的贡献。

三、学校文化管理的构建

针对高校文化素质教育管理存在的问题，怎样致力于学校文化建设？相对于学校硬环境建设和制度建设，学校文化建设具有看不见、摸不着的隐性特点，需要我们做出更加艰巨、更加长期的努力。

学校文化与制度管理是有机统一、互为补充的。做管理工作最终的落脚点是人的思想问题。严格管理的规范制度能否落实到位，取决于人的思想高度和认识程度。学校文化必将为制度管理提供一个人文环境。可以说，文化与制度的关系一如道德与法律的关系，学校文化是学校制度的有益补充，两者相互统一。总之，学校文化的出现和完善不仅是学校发展的必然，也将是传统教育方式向素质教育方式转变的必由之路。这种文化又是人的文化，是以人为本的文化，突出“人文”“人本”“人情”“人性”“人权”在管理中的作用，从而形成一个强大的“磁场”。它是弥漫在空气中的一种精神存在，在每一位师生的呼吸吐纳中化为一种气质、一份修养，或见于谈吐，或形于笔端，形成学校管理的文化，即所谓的管理文化。校园文化建设在学校管理中的作用按其不同层次来划分，主要表现在以下几个方面：

（一）用物质文化陶冶人

校园物质文化是校园的外显文化，是以某种文字符号为载体，将校园精神显现于校园的各种标志物之中，如校服、校歌、校刊、校报、雕塑、学校建筑、艺术节、文化墙、名言警句等，它是校园思想文化建设的前提和条件，是思想文化、制度文化赖以生存发展的基础和载体，有利于陶冶师生的情操。优美的校园环境有春风化雨、润物无声的作用，如诗如画的校园风光、干净整洁的校园环境、美观科学的教室布置、文明健康的文化教育设施……无不给学生以巨大的精神力量。学生在优美的校园环境中受到感染和熏陶，触景生情，因美生爱，从而激发学生爱学校、爱老师、爱同学、爱家乡、爱祖国的高尚情操；学生在幽静的环境中学习，感到舒心怡神，从而增强对环境的保护意识。所有这些都有利于学生正确的世界观、人生观、价值观的形成。

（二）用制度文化规范人

校园制度文化是指校园人在交往过程中缔结的社会关系，以及用于调控这些关系的规范体系，是校园一切活动的准则，它包括相关的法律法规、学校管理体制及其规章制度、组织机构及其运行机制、特定的行为规范等。

校园制度文化从根本上决定着校园的正常运行和创新发展，是校园思想文化的保证。建立和健全学校规章制度，塑造良好的校园制度文化，是校园文化建设的重要内容，也是提高学校有效执行力的重要保障。制度文化以其导向性与规范性、稳定性与发展性、科学性与教育性的特征彰显校园文化。

（三）用思想文化凝聚人

校园思想文化是指学校在长期办学过程中形成的一种学校意识和文化观

念，它是一种深层次的校园文化，是校园文化的灵魂，主要体现在班风、校风的建设上。班风、校风看不见、摸不着，但它表现在校园内多种文化载体及其行为主体上，让人时时处处切实感受到它独特的感染力、凝聚力、震撼力。置身其中，受教育者无须教育者更多说教，便会自然而然地、不知不觉地感悟它对心灵的净化和情操的熏陶。校园思想文化是校园的内涵文化，是校园文化的深层内涵，是在长期的校园物质文化、校园制度文化和校园行为文化的建设过程中积淀、整合、提炼出来的，反映学校广大师生员工共同的理想目标、文化传统、学术风范和行为准则的价值观念体系，难以用文字、符号表达出来。校园思想文化是一所学校整体面貌、水平、特色、凝聚力、感召力和生命力的体现。

校园思想文化作为一种强大的教育力量，对广大师生的健康成长有着巨大的影响：一是导向功能，即指导个人正确认识和处理个人与学校组织的关系，把个人行为引导到学校组织目标上来，使他们向着学校期望的方向发展；二是凝聚功能，即思想文化起着心灵黏合剂的作用，它把各个方面、各个层次的人都聚合到一起，使师生员工对学校产生一种使命感、自豪感、归属感，形成强烈的向心力、凝聚力和群体意识；三是激励功能，即思想文化往往能产生一种激励机制，激起校园人的积极性、主动性与创造性，使学校成员保持高昂的情绪和奋进精神，获得各种精神需求的满足；四是控制功能，即思想文化具有强大的心理制约力量，使校园人接受必要的约束，使个体行为符合共同的准则；五是辐射功能，即校园思想文化以其独特的方式，在对师生教育、影响的同时，也对周边及社会产生影响。

第三节 高校学生管理及创新

21世纪是知识和信息的时代，我们面临的经济和政治环境已经发生了深刻的变化，在校的高校学生，他们是未来社会的知识精英和国家未来的栋梁，他们的素质如何，将直接关系到我国社会主义事业是否会后继有人，关系到中华民族的伟大复兴。高等学校是培养和造就适应21世纪社会发展的合格人才的基地，其培养的目标是具有创新精神和实践能力的高级人才，科学、规范、创新的学生管理工作是实现这一目标的重要保证。学生管理工作是高校各项工作的主要组成部分，它体现着一个学校的校风、校貌，是一个学校管理水平高低的重要标志，而学校管理水平的高低已成为衡量学校综合水平和学生素质的一个标准。在当前各种新形势下，高校学生管理工作出现了许多新情况、新问题，如何使学生管理工作科学化、制度化、法治化，培养出大批合格的人才是当前学校管理研究的一个重要课题，也是公共管理学研究的重要内容。

学生管理工作是高校教育教学工作的重要组成部分。近年来，随着我国社会体制改革和高校教育改革的进一步深化，高校学生的学习和生活环境发生了新的变化，高校学生管理工作也面临新的挑战。

随着社会的发展，学生成长的外部环境和内在因素发生了很大的变化。教学管理制度的改革、收费制度的改革、高校后勤社会化、就业形势变化等，都给学生管理工作带来了许多思想认识和教育观念方面的新变化。加强和改进高校学生管理工作的对策是：在明确管理目标的基础上，树立科学的管理理念。高校学生管理工作应变被动为主动，“以人为本”，强调学生的主体性，注重学生的主观特性，尊重学生的个性发展；坚持教育与管理相结合，强化学生自我管理。在此基础上，还应积极探索新的管理模式，完善学生管理体制，建立变分散为集中的管理，变多中心“小而全”为集中的“精而专”，变间接管理为直接管理；健全学生管理制度，使高校管理科学化、制度化；积极运用管理进网络、管理进社团、管理进公寓等新手段，拓展学生管理工作空间，运用现代化的教育管理手段，使高校学生管理工作进一步科学化、制度化、规范化。

一、高校学生的特点

（一）思想认识多元化

作为学生管理工作的客体，高校学生一般具有以下特征：一是思想具有社会性。高校学生思想状态源于社会，紧跟时代步伐，社会上的一切重大情况、现象及其对青年的影响都会从高校学生身上表现出来。二是认知具有能动性。高校学生是最富有主观能动性和积极创造性活力的群体，他们在接受思想政治教育时往往从自己的主观出发，具有主动的选择意向，这也体现了他们独具个性的自我认知状态。三是身心的可变性。高校学生是一群从生理到心理正在趋向成熟的群体，特别在心理上、思想上，可塑性极大。在时代变动、社会转型的宏观背景下，有理想、有追求是学生的主体要求。高校学生有较高的思想素质和道德观念，有较强的责任感和使命感，其思想状况可以概括为以下几个方面：

1. 爱国热情高涨，理想信念坚定

从总体上看，当前高校学生的思想政治状况是积极、健康、向上的，主流是好的。令人欣喜的是，高校学生保持了较高的爱国热情，能理性地看待国家改革、发展面临的机遇和困难，对保持稳定的政治局势和经济的可持续发展有信心。高校学生所密切关注的国内外大事和工作主要集中在涉及国家根本利益和建交关系上。今天的高校学生，把个人的前途同国家的发展联系在一起，因而他们关心国家大事，关心国家的发展，也关注着发展中存在的问题。有所不同的是，对发展中存在的问题，今天的高校学生分析判断的能力增强了，观察分析问题比较客观、冷静，多了一份理性思考，少了一份情绪激进，应该说，这是高校学生思想成熟的表现。

2. 健康积极地看待人生，务实进取实现自我

健康积极、务实进取是学生人生观和价值观的主流。相比以往，今天的高校学生更加注重自我价值的实现，并渴望能将对社会的贡献和个人价值的实现统一起来。高校学生健康积极的人生态度主要表现在绝大多数学生的基本价值判断上。

学生务实进取，有着强烈的社会责任感和历史责任感，他们渴望施展才华，为国家和社会做出自己的贡献。在处理个人、集体、国家三者利益关系的问题上，大多数学生认为“在关键时刻个人利益要服从国家和集体的利益”。同时，对于社会公益活动，如献血和志愿者服务等，绝大多数学生表示乐于参加。尽管高校学生人生价值观主流健康向上，在价值判断上高度认同奉献精神、社会责任感、国家和集体的利益高于一切等，但在具体的价值选择上，部分高校学生更加注重自我发展、自我实现，这使得学生的人生观、价值观呈现出多样化的特征。

3. 拥护高校教育改革，注重全面素质提高

随着我国高校教育改革的不断深入，改革的成果正在逐步显现出来，高校学生作为这些改革措施最直接的受益者，自然地成了高校教育改革的拥护者和促进者。与改革相伴而来的是社会的快速发展，激发了学生成功、成才的愿望和自觉性，使学生更加注重自身素质的提高。

高校学生十分关注学校的建设和发展，对高校教育改革，特别是其中有

利于自身发展、提升自己社会竞争力的改革高度认同。学生赞同全面推进素质教育、深化教学改革，对改革毕业生就业制度和鼓励高校学生自主创业持肯定态度。高校学生认为，高校后勤社会化改革转变了高校后勤的社会服务意识和服务观念，使学校的学习、生活条件有了一定的改善。身处校园的高校学生已经逐渐开始走向社会，他们渴望通过高校的学习来丰富和完善自己，占领就业上的制高点，赢得发展上的主动。相比以往，高校校园学习气氛更加浓厚，学风也有了明显好转。

（二）生活学习方式多样化

学生从高中升入大学、高职、高专后，就进入人生一个新的起点。不管是在学习上还是在生活上都会与原来有很大的不同。

1. 生活方式多样化

生活方式是指人们在衣、食、住、行、爱好、文化活动、民俗风气等方面的方式和行为习惯。在高校里，每一个学生的生活方式都不尽相同，有的学生把自己大量的时间都放在学习上；有的学生利用业余时间来打工挣钱；有的学生喜欢运动；有的学生喜欢和同学结伴去旅游等。

2. 学习方式多样化

进入高校后，高校学生普遍感到知识浩如烟海，各类活动繁多，这为每个人的发展提供了广阔的天地。以什么样的学习方式才可以处理好课本知识与课外知识、专业学习与能力培养等诸多方面的关系是许多高校学生深感矛盾、困惑的问题。高校学生的学习除了听课这一主要途径外，还有自学途径、学术交流途径、多媒体教学途径、社会实践途径等。以多样的学习方式进行学习是学生必须掌握的一项基本功。高校学生学习和获得知识的方式和渠道多种多样，随着学分制的推行和素质教育要求的提出，高校学生自选专业、自修课程、自定目标、自我发展的意识相对增强了；随着高校学生居住公寓化和后勤服务社会化的不断完善，因住宿、生活、学习而结识的高校学生群体逐步在增强和扩大，这些都是学生学习方式和组织形式多元化的具体表现。

3. 性格特征复杂化

高校学生性格特征的复杂化主要在以下几种现象中特别突出：

（1）务实与实惠的调和

高校学生能较冷静理智地看待社会实际，但更多地关注与他们自身的生存发展相连的社会实际。个人发展机会、职位的高低和工资收入成为高校学生择业的重要评价指标或选择条件。

（2）渴望与满足的不协调性

高校学生迫切了解新知识、吸收新观念，对知识学习的要求较为强烈，选择知识的目的性逐步增强，但不能只满足热门、自己的喜好和眼前的需要，对自己的业务知识、能力水平、综合素质等方面需要有正确的判断，并制定更高、更全面、更长远的目标。

（3）心理及个性化发展的不协调性

在现在的高校学生中，独生子女的比例较高，他们具有较强的自我意识、竞争意识和自强精神，追求个性化发展。因此，他们的集体主义观念、团队协作精神需要提高。一些学生对学校、社会的期望值较高，但对社会的复杂性认识不够；自我意识较强，重视自我价值，但对现实自我价值的认识不足。

二、加强和改进高校学生管理工作

（一）明确管理目标

高校是依据培养目标来实施管理的。从下面四个方面去考核管理目标是比较合理的。

1. 心态方面

心态其实是决定一切的。这个心态应该是科学的、贴近实际的、符合社会发展方向的、中西方先进理念相结合的。

高校学生要有很强烈的社会责任感。今天的高校学生就是明天祖国的栋梁，他们在社会主义现代化的进程中起到了举足轻重的作用。要有意识地给他们压担子，让他们多参加社会实践，帮助他们尽快地接受这个社会、热爱这个社会、报效这个社会，对今天高校学生的要求是要让他们进行理性的思考。

2. 消费观方面

高校学生要有正确的消费观，今天的高校学生有可能会享受到改革开放带来的成果，要看到享受这个成果本身也是经济发展的需要。当然，也要引导他们量力而行，把自己的消费建立在可行的基础上，建立在科学的基础上。

3. 文明礼貌方面

要引导学生做有文明礼貌、尊老爱幼的良好品行的人。要引导他们做高尚的人，做能被世界接受的人。

（二）树立科学的管理理念

21 世纪高素质、高质量的人才是具有高度责任感、熟悉中国国情、致力于解决中国及世界经济建设和社会发展的实际问题的人才；是具有创新精神、创业精神、创新能力、实践能力，有能力解决中国及世界经济建设和社会发展实际问题的人才；是能活跃于国际舞台、活跃于信息化时代、活跃于市场经济条件下的竞争环境、活跃于终身学习社会的人才，而高校的任务正是要为社会培养出这样的人才。因此，这就需要高校树立科学的管理理念。

第一，营造环境的重要性。具体表现为以下方面：（1）营造好的制度氛围。我国正在做这方面的努力，尽管成果初现，但是还不尽如人意，要从制度做起，要营造积极的小环境。实践证明这是可行的，如有些学校优美如画的校园、良好的道德环境、和谐的人际关系等小环境就非常有利于学生的健康发展。（2）学校领导和教职员工的示范效应。如果家长是学生的第一任老师，那么学校领导和广大的教职员工就是学生的第二任老师。心理和社会角色定位使学生的言行富有模仿性，也最信赖他们的老师，把教师看作知识的化身、高尚人格的代表以及他们天然的学习榜样。教师的示范效应是由于学生本身的心理角色定位而形成的。因此，对学生的要求也就是对老师本身的要求，按照“社会认同原理”，一定要做学生的楷模和偶像。（3）运用管理学的“破窗原理”，发现有不好的现象及时地消除掉。管理学的“破窗原理”是指有一扇窗户玻璃被打碎了，如果不及时修补，那么第二块、第三块，乃至第四块、第五块很快也会被打碎的。对学校出现的不好的现象一定要及时纠正。

第二，管理必须以学生为中心。在高校教育改革不断深化的今天，学生管理者应重视转变管理观念，只有管理观念的更新，才能实现学生管理的创新，做到既按照合格人才的标准严格要求、精心管理，又根据学生特点，充分发挥其良好个性；既坚持宏观指导，又深入学生进行个别引导、教育；既坚持用统一的制度和培养标准去要求学生，又坚持按不同层次评价和教育管理学生；既坚持宽严结合，又做到动态管理，从而提高管理的实效性和科学性，促进管理水平迈上一个新的台阶，更好地实现学校培养“四有”合格人才的目标。树立“以人为本”的管理思想是做好高校学生管理工作的首要前提。人本理论是现代管理科学经常用到的主要理论之一，它在现代企业管理中起着很大的作用。现在，我们从教育管理这一角度探讨人本理论在高校学生管理工作中的应用，树立学生管理工作人本价值观，以人为本，尊重人的本质的主体性、能动性和多样性，这是学生管理工作从传统走向现代的创新之路。

第三，要注重人的主体性。在学生管理工作过程中，高校学生既是管理的客体，又是管理的主体。因为高校学生管理归根到底是对学生的管理，从管理的决策、组织实施到目标的实现，都要依靠高校学生，故高校学生是管理中的主体；高校学生还需要管理者的教育引导，他们同时也是被管理者，从这一层面来说，高校学生又是管理的客体，两者应是辩证统一的。所以，在管理工作中应该确立“以高校学生为中心”的思想，开展的一切管理活动都是为了服务于高校学生，要尊重高校学生的人格特点，最大限度地发挥学生的主动性与创造性，使之能够以主体的姿态积极参与管理活动，主动接受管理和开展自我管理。

第四，要注重人的主观特性。人是有思想感情的，人的认识过程是一个复杂的系统，理性的思维过程是建立在情感、欲望等主观特性基础上的，它必须以人的基本要求、积极情感和意欲作为动力，正所谓“理乃情之所系”。列宁说过：“没有人的情感，就从来没有，也不可能有人对真理的追求。”如果人的非理性本能要求、情感经常处于被压抑的状态，就不会有真正的理性之光。心理学研究表明，人与人之间的信息交流与传递必须具有一定的心理基础，如果在信任心理基础上进行交流，教育者发生的思想信息和目标要求往往会被受教育者顺畅地接受，并能产生积极的行为效应。高校学生管理工作主要是由高校学生管理者和高校学生组成，他们纯粹是由“人——人”构成的管理系统，如果在管理中不充分渗透“人性”，重视师生的情感交流，就难以调动学生的积极性和主动性。所谓情感管理是指在管理过程中尊重人的个性特点、考虑人的情感因素，强调师生之间进行双向情感交流，尊重人的情感，其关键在于“以情感人”。这就要求管理者在按章办事的同时，真心实意地为学生服务，急学生之所急，想学生之所想，对学生进行情感投入，同时也注意把握学生的情感反应，通过情感沟通，了解学生的实际情况和出现的问题，并给予指引和教育，以达到有效管理的目的。

第五，要尊重人的个体多样化。人的个性是客观存在的，由于人性是历史的，也是具体的，而不是抽象的、超历史的，因此人都具有个体差异，表现出各种不同、多姿多彩的个性。作为管理对象的人，具有不同的社会属性和时间、空间属性。管理对象个体由于学习动机、兴趣、价值观等的影响和支配及原有的知识经验、情感意志等因素的制约，在接受教育管理中，个体的思想行为必然带有鲜明的个性色彩，对同一问题具有不同的看法和态度。这就要求我们在做学生管理工作的时候，要面对现实的人，全面准确地把握不同的管理对象所具有的共同特征和个性差异，针对不同对象的思想实际，制订不同的计划，提出不同层次的要求，并且运用不同的方法，有的放矢地解决不同管理对象的各种思想矛盾和思想问题。高校学生由于家庭条件、社会经历、个性特点、气质、能力和兴趣爱好的不同，思想活动的内容和特点也就千差万别、错综复杂。

因此，在教育管理过程中，必须尊重学生的个性发展，因人而异、因材施教，要把学生管理工作做得有差异性和针对性。高校学生管理工作要以学生为中心，具体应该做到以下几点：

第一，学校的主体是学生，一定要坚持以学生为中心。这个理念要求学校要经常开展老师与学生之间的对话与沟通。老师在教育学生的同时，自己也在接受教育；学生在接受老师教育的同时，也影响着老师。

第二，学生管理要重在服务。以人为本要落实在每一项工作中，服务是互相的，服务是高尚的，服务发生在每个人的身上。

第三，强调自我管理模式。学生自我管理，是指学生在学校指导下根据教育目的和培养目标的要求，运用现代科学管理方法，对自己的思想和行为进行自我调节和自我控制的过程，是学生自我认识的提高、自尊心的形成、自觉行为习惯品质的养成和自我奋发精神的培养过程。为了适应新形势、新情况，学生管理工作要从以学校管理为主向学生自主管理转变，要让学生了解学校的管理目标，化管理为高校学生的自觉行为。从心理学上说，任何人都不希望有人管理，可以有领袖、有楷模，但不要有管理。学生的自我管理应该体现在：首先，由他们自己设定管理规范，由自己设定的管理规范，在执行起来自觉性要高得多；其次，这个规范尽可能自由多一些，限制少一些，文化多一些，制度少一些；最后，要让更多的学生参与管理，发挥他们的聪明才智，使学生在自己管理自己的过程中，既发挥自己的才能，锻炼、培养自己，又对自己的行为有所约束，使学生在具有健全人格的基础上，千姿百态，各展其能。不要让少数人管理多数人，最好能让大家都有参与管理的机会，这样可以加强沟通和理解，也可以在管理中发现更多的人才。高校在强化学生自我管理的同时，还要注意帮助学生明确自我管理的意义，指导学生运用自我管理的方法，提供学生自我管理的机会等。

第四，以表扬为主，建立激励机制。常用的激励方法有：（1）理想激励法，即通过激发学生的理想追求，鼓励学生为实现自己的人生价值而努力学习和工作，这种激励法可以增强学生的自豪感；（2）目标激励法，即通过引导高校学生不断朝着制定的目标奋进，使他们感到学习工作有奔头，这种激励法可以增强高校学生的责任感；（3）信息激励法，就是信息的交流与反馈，使高校学生明确自己学习工作进展的情况，从而引发高校学生的危机感，增强其紧迫感，使其更加努力地朝着目标奋进；（4）精神激励法，就是从高校学生的文化精神生活出发，通过表扬或授予一定的荣誉称号等来鼓励他们不断前进；（5）物质激励法，就是通过一定的物质奖励手段来满足学生的生活需要，调动他们的积极性，增强他们的实惠感。在运用激励法时要因人、因事、因地灵活运用，并且要讲究时机，适度运用，这样我们的管理就会取得更好的成效，管理水平也会自然而然地提高。

三、完善学生管理体制

学生管理是对在校学生的全方位管理，内容比较广泛，涉及学校的多个部门，需要各部门协调一致，理顺各部门关系形成合力，以应对学生管理面临的新问题。在高校学生管理工作中，一是要加强学生工作机构的建设，强化其组织协调功能。理顺学生管理系统各部门、各层次、各岗位的职责权限关系，建立健全责任制，做到责任到岗，责任到人，责、权、利相统一。二是要适当放权，发挥基层作用。现行的高校管理体制是以校、系两级职责分明、条块结合的学生工作网络和运行机制为显著特征的，校、系应组织担负对学生进行思想教育和行政管理的双重任务。因此，既要赋予系开展学生管理工作的职责，又要让其拥有开展学生管理工作所需要的权力，做到责权统一。适当下放管理权限给各个系，便于其及时发现问题，及时教育处理，可提高管理工作的实效性。三是进一步推行校系一级学生工作体制的协调统一。四是实行年级辅导员制，与学分制相适应。强化以系为单位的班级管理，进一步增强班级管理、专业教学之间的融合力度。但强化并不否认班级管理，因为在学分制的条件下，学生班级仍然是一个重要的学生单元组合，应纳入学生管理体制。

四、健全学生管理制度

学生是学校最大的群体，学生管理工作的成效直接关系到整个高校的稳定与发展。高校教育改革迅猛发展，使高校越来越成为没有“围墙”的校园。高校学生智商高、知识面广、观念更新周期短、法律意识不断增强，高校学生个体之间、个体与学校之间的权利和利益关系也变得更加复杂，这迫切要求学生管理工作要适用法律和规章制度调节规范各主体之间的关系。依法治校、依法对高校学生进行教育和管理是高校教育的任务，也是高校学生管理工作的指导思想。因此，建立科学、规范、完整的学生工作规章制度是学生管理工作的需要。高校应按照国家有关法律规定，依据本校实际情况，制定完整的、可操作性强的程序、步骤和规章制度，并以此规范学生的行为，行使有效的管理。

第一，高校在对学生的管理中，必须依法制定全方位的规章制度，并对现有的规章和条例进行清理和修订，过去行之有效的方法和改革成果应予以继承，同时要充分考虑整个社会法制的进步和依法治校原则对学生管理的要求，无论是修订原有的规章制度，还是重新制定规章制度，都要注意与国家的法律法规、方针政策相一致，在规范管理的同时，要注意保护学生享有的合法权益，真正体现法的价值。

第二，要更正一种错误观念，即仅仅将法律作为一种工具和手段来治理学校和办理一切事情，把制度化管理理解为“以罚治校，以罚代管”。“管理”并非管制，“管理”是管理和服务的统一，要把法律作为管理学校的依据和最高权威，因为法律除具有惩罚、警戒、预防违法行为的功能，更重要的是还有评价、指引、预测人们行为，保护、奖励合法行为及思想教育等基础功能。

第三，建立学生保护机制，保护学生的合法权益。可以建立学生申诉制度，使学生的权利得到保护。

五、改进学生管理方式

高校学生管理工作应以改革创新的精神，积极探索新途径、新方法、新手段，大力推进学生管理工作进网络、进社团、进公寓，形成学生管理的新格局。

（一）学生管理工作进网络

网络技术使教育发生了根本变革，它日益成为高校学生获取知识和各种信息的重要手段。网络文化具有内容丰富、传播快捷、环境放宽、覆盖面广、难以监控等特点。高校应充分利用网络这一现代化手段，搭建起有效的信息网络，积极拓展高校学生管理工作的新领域。计算机技术是信息时代的高科技技术，是高校学生必须掌握的一门应用技术。因此，要正确引导和教育学生健康地使用计算机，真正提高高校学生的网络知识层次和上网水平。

第一，要加强网络道德和心理素质教育，增强高校学生的自控能力。应定期举办网络知识和网络讲座，对上网学生从思想上进行正反两个方面的教育，树立学生的责任意识，以增强他们的是非敏感能力和鉴别能力。

第二，要加强网络管理，严格入网要求。一方面，要提高校园网主页质量；另一方面，要加强与校外网吧的联系，帮助学生走上健康之路。

第三，要引导学生开展一些丰富多彩、健康向上的活动，多举办一些与学生利益相关的计算机知识竞赛和问答。

第四，要培养团队精神，增加人际交往，实现师生之间、学生之间、学生与学校之间的网上交流，拓宽学生思想教育工作的渠道。学生管理工作者应掌握网络信息技术，学习网上教育方法，及时收集、分析、监控网络信息，发现学生关注的热点、难点问题，尤其是带倾向性、群体性的问题，应及时采取有效措施，有针对性地做好工作。

（二）学生管理工作进社团

校园文化是以学生为主体，以课外活动为主要手段，以校园精神为主要特征的群体文化。生机蓬勃、稳定和谐、健康向上的校园文化氛围，使高校学生在参与中陶冶情操、规范行为、开启智慧，产生一种归属感和安全感，有利于增强学生客观认识自我、完善自我及自我判断、自我发展的能力。在素质教育发展下，高校社团如雨后春笋般兴起，形成了一股“创立社团热”，社团文化建设已成为校园文化建设的一个核心内容。应该说，无论是早期的文学社、艺术团、学术沙龙，还是近期的公关协会、科技开发中心等，都是高校学生在不同层次需求的驱动下，展示才华、锻炼能力、加强联系、获得沟通的好场所，其中不少社团也是教育者理解学生，调适教育行为，提高教育效果的好渠道。高校学生管理工作者应该充分利用社团，开展社团的思想指导和管理工作如下：

第一，要提高校园社团文化的活动层次。加强校园社团文化建设就是要努力提高社团文化建设的层次，使它接近或略微超过高校学生的理解能力和欣赏水平，从而更适合高校学生的口味。

第二，要加强学生社团的规范与管理。学生社团是学生自我管理、自我教育的重要形式。学校要加强对社团组织的管理，使社团在开展活动时注意遵循以下原则：一是学生社团必须服从学校的领导和管理，学生社团应在法律、宪法和校纪校规范围内活动，不得从事与社团宗旨违背的活动；二是学生社团邀请校外人员到学校进行社会政治和学术活动，必须经学校同意；三是学生社团面向校内的刊物，必须经学校批准，并接受学校管理。

第三，要注意坚持开展校园社团文化活动的长期性与实效性。有些地方开展校园文化活动存在着节日时活动较多、平时则活动较少的现象，需要注重学生从活动中获益，这样的活动与教育目标才是相合的。

（三）学生管理工作进公寓

随着高校后勤服务社会化步伐的加快，学生公寓的环境氛围、文化设施、管理服务的质量及公寓的管理模式都对传统的高校学生管理工作提出了新的挑战，也给高校的稳定工作带来了新的问题。因此，学生管理工作进公寓是高校教育改革与发展的时代要求，是高校学生管理工作者的战略抉择。

学生管理工作进公寓是一项全新的工作，也是一项艰巨的工作，我们要根据当前学生公寓管理特点，建立学生管理工作新的组织形式、工作机制。

如辅导员进驻学生公寓，与学生同吃、同住、同生活；使学生党团组织建到公寓，充分发挥党团组织引导人、团结人、凝聚人的作用；建立学生公寓的自我管理组织，努力把学生公寓建成学生自我教育、自我管理、自我服务的场所；积极组织开展公寓文化建设活动，为学生管理工作创造良好的环境条件和氛围等。

学生管理工作进公寓，要特别重视加强对高校学生集群行为的控制与引导。一方面，要教育引导高校学生全面、客观、辩证地思考问题；另一方面，要建立正常的信息反馈和对话机制，针对问题，因势利导，及时进行情绪疏通，从而加强对高校学生集群行为的控制与引导。

21 世纪需要的是综合素质高且具有创新精神和实践能力的高级人才。要实现代教育理念下的高校教育教学管理观这一目标，新形势下高校学生管理工作必须变被动为主动，确立以人为中心的管理思想，把学生看成既是管理对象，同时又是管理的主体，在管理中充分发扬民主，调动学生的积极性，加强自我管理。同时，我们还需要不断加强学生管理工作队伍建设，探索新的管理模式，运用现代化的教育管理手段，使高校学生管理工作进一步科学化、制度化、规范化。只要不断学习和积极探索，高校学生管理工作一定能适应新形势的要求，为人才的培养做出更大的贡献。

第四节　高校考试管理及创新

课程考试是高校教育教学过程中的一个重要环节，是评价教学得失和教学工作信息反馈的一种手段，也是稳定教学秩序、保证教学质量的重要途径之一。因此，如何搞好高校课程考试管理，使之科学化、规范化、合理化，是高校教学管理工作的一项重要内容。将高校课程考试管理视为一个整体，运用系统论的方法对其存在的主要问题进行分析和研究，并提出高校课程考试管理改革的原则性建议与措施，形成如下主要观点：高校课程考试管理是以高校课程考试为对象，以提高考试活动效率，检测教师课堂教学质量，发现教学中存在的问题，充分评估学生的学习效果和学习创造能力为目的的管理活动。严密科学的考试管理可维护考试权威实现课程考试的功能，树立踏实进取的考风。考试管理系统是由观念、计划、目标、机构、人员、技术等多种因素组成的综合性动态系统。

要实现高校课程考试管理科学化、规范化、合理化，关键在于推进考试观念的深层次转变；建立考试中心，完善考试管理规章制度；培养和建设高素质的考试管理队伍；实施科学的教考分离；考试方式多样化；重视平时考试；实行全程管理。

一、高校课程考试管理的构建

（一）高校课程考试应遵循的基本原则

课程考试是教学过程中十分重要的环节，它不仅要完成对学生在经历一个教学过程后学习情况的评价任务，而且还要检查教师的教学效果与水平、诊断教学中存在的问题，反馈在教与学过程中的各种信息，进而发挥促进教学改革的作用。它所特有的检查测评、导向、激励、鉴定和系统整合五大功能是其他教学环节所不能替代的。高校课程考试必须适应社会发展的需要，必须适应被考者的身心发展水平，必须有利于促进和客观评价学生综合运用所学知识解决实际问题的能力，必须有利于提高教师教学水平，以保证不断提高人才培养的质量。考试原则是从事考试活动、处理各种考试问题、规范考试行为所必须遵循的基本原则。

课程考试管理是一项基本的教学管理，是保证考试的公正性与客观性，正确发挥考试功效，促进教学工作的关键环节之一。考试管理质量直接关系到教风、学风的建设和教学质量的提高，是衡量学校办学水平、管理水平的重要标志。加强高校课程考试管理应遵循以下原则：

1. 方向性原则

考试管理是管理者根据既定考试目标要求，运用适当的程序、方法、手段及行为规范，合理调配人、财、物、信息等资源，对考试活动实行有效控制，以实现共同目标的一种社会活动过程。考试管理既因一定管理目标的需求而启动，又以实现预定目标为归宿，其管理过程的产生与形成均以一定的管理目标为先决条件，而目标本身总要体现为一定的方向，目标的正确与否要以所引导的方向是否正确作为衡量的标准。因此，科学的考试管理必须坚持方向性原则。

2. 科学性原则

科学性原则是指运用现代管理理论、教育测量与评价理论、教育管理理论、心理学理论等作为充分的科学依据，使考试管理活动具有可靠性可信度，并采用科学的考试管理方法、成熟的管理经验，使考试管理活动行之有效，以利于实现预期的管理目标。

3. 公正原则

考试管理公正与否，关系到考试的权威性，反映的是校风考风的建设程度，而且考试直接关系到被试者的切身利益，直接影响被试者的心理，影响着个体对社会的态度。因此，我们要积极地创造条件使考试尽量公平、公正。

4. 系统原则

系统是指由相互联系、相互作用的若干组成部分构成的有机整体，这个整体具有其各个组成部分所没有的新性质和功能，并和一定的环境发生交互作用。考试管理是一项系统工程，它包括教学管理工作、思想政治工作、后勤保障工作等方面，涉及教学系部、学生处、党团组织、总务、保卫等部门，教学管理部门要妥善安排，使考试工作井然有序地进行。

（二）高校课程考试管理运行条件的探讨

考试管理，其目的在于维护考试的标准规范，维持考试实际运作与计划方案相一致，使考试沿着预先设定的轨道运行；保证考试结果的真实性，并从中分析成功与失败的原因，探明修正的途径，通过反馈给新的考试运行提供理论及实践的依据。将考试目的从观念形态转化为现实形态，高校课程考试管理的正常运转应具备以下条件：

1. 健全的考试组织机构

若无健全的考试组织机构，自然也就谈不上深入开展考试实践中相关问题的研究，要不断更新、完善考试的理论，用以指导新的考试实践，进而强化考试主动适应社会发展需求的能力，使之正确发挥其功能。考试组织是考试队伍的依附体，考试组织不健全，就不可能形成稳定的专业考试队伍，整个考试的设计、实施与管理必然是临时拼凑，量尺标准、实施规范、结果真实的施考目标也就难以企及。

2. 素质优良的考试管理队伍

一切先进的控制技术设备、各类考试行为规范、各项工作标准都有赖于高素质的控制者通过对人的有效控制才能充分发挥其作用，进而给考试运行以积极的影响。培养和造就一支高素质的考试管理队伍是保证考试质量、提高考试效率和效益的需要。参照考试管理系统的运行环节，考试管理队伍可以划分为考试行政队伍、考试业务队伍、考试科研队伍三类。

考试行政队伍是考试队伍中常规性的人员配置组合，它包括学校、职能部门和教学单位的领导者和一般行政工作人员。考试行政队伍的职责是负责考试管理机构各项职能活动的顺利进行和考试管理目的的有效实现。

如果说考试行政队伍的建设是源自加强考试活动外部组织管理的要求，那么考试业务队伍的建设则是出自考试流程内部运行的要求。考试活动是一个动态的运行过程，其流程要经过命题、施测、评卷等依次相连的环节，各个环节都事关考试的质量。考试科研队伍是伴随着现代考试改革和发展的深入而显示重要性的一支必不可少的考试队伍，其职责是结合高校教育教学实际、重点研究课程考试的理论与实践问题，为学校的考试活动提供理论指导。高校课程考试时间的非经常性决定了考试管理队伍的非专职性。也就是说，他们基本上都是兼职考管人员。应该特别指出的是，为了保证课程考试质量的不断提高，非专职性的考官队伍应该具有专业性的水平。

3. 健全的考试规范、严密的考试程序和科学的考试控制标准

实行考试控制的依据和准则是引导考试运行方向、防止考试运行偏离预定轨道的保障措施。同时，它也是维护考试权威性、公正性的必要条件。所谓考试规范，即考试运行的规程和参与考试活动各类人员的行为准则，它是控制考试运行的直接依据，一般包括考务规程、命题细则、监考守则、考场规则、评卷实施细则、考试信息管理规定、保密规定、违纪处罚规定等。严密的考试程序是指考试命题、实施到评价分析反馈、考场编排、各类工作人员配置等各个环节都要严格要求，注重考试的整个过程。科学的考试控制标准包含时间标准，如命题制卷、考场设置、实施测试、阅卷评分、考试结果分析处理等的起止时限要求；数量标准如考点设置、考场编排、试卷长度和满分值、试卷印制与分装、施测环节各类工作人员配备、阅卷人员及所需设备配置的数量规定等；质量标准，如考号及考场编排的科学性，考点、考场设置的规范性，各类人员配置的合理性，施测控制的严密性，试题编审和试卷印制的合格率，试卷分装的标准性，评分、计分、登分、核分的准确率或差错率及考试成绩的可靠性、有效性和公正性。

4. 良好的信息传输与反馈机制

倘若没有确切的信息反馈，科学的统计方法和先进的技术手段就谈不上对考试流程进行富有实效的控制。从整个考试的过程来看，考试质量分析是信息反馈的主要途径，应该根据考试结果为学生提供反馈，以检查教学目标的实现情况，检查教学措施的实施效果，发现教与学两方面存在的问题，从而改进教学工作。

从教师自身而言，在试题反馈分析的过程中，能够及时收集来自学生的真实信息是一笔难得的宝贵财富，是一次向学生学习和自身学习的过程。通过试题反馈分析，教师不仅了解了学生的学习需求与希望，看到了命题中需要改进的问题，并能从这一教学情景中获得许多启示和感悟。通过与学生交流，促进教学反思，在反思中学习，在反思中丰富教学经验，从而提高教学能力。

从教学管理的角度而言，组织试题反馈分析的过程就是检查、反思、总结、促进教学相长的过程，它为今后命题、考试、评价等方面教学管理工作积累了宝贵的经验，同时也为教学双方提供了一个平等、真诚的教学交流和情感互动的平台，对师生双方都起到了积极的促进作用。通过考试的质量分析，能够使考试决策层及时客观地了解考试的情况，从而对考试活动中出现的种种偏差进行分析，以探明考试造成偏差的原因并进行调节和控制。良好的信息传输与反馈是保证考试决策正确的重要依据，也是促使考试走向科学化的必要措施。

二、高校课程考试管理改革的对策

高校课程考试管理是一个由多因素组成的相互制约、相互促进的封闭动态系统。因此，改革高校课程考试管理应该坚持系统论的观点和方法。

（一）推进考试观念的深层次转变

思想观念是行动的先导，“欲革新，先革心”。转变高校领导、教师、管理人员乃至学生关于课程考试的观念，是推进高校课程考试改革的前提和基础。这里要强调指出的是，高校领导、教师和教管人员要在思想上真正承认考试是一门科学，要真正弄清、弄懂这门科学，因为唯有了解、掌握了考试的理论，运行规律、方法与技术，才有可能在课程考试中正确、有效地运用这门科学。必须正确认识考试管理是一项关系考试成败、人才培养质量的系统工程。考试活动是一门科学，考试管理活动是考试活动的重要组成部分。因此，考试管理理所当然也是一门科学，考试管理不仅是一门科学，也是一项系统工程。对高校领导、教师和教管人员来说，一是要真正认识到考试管理是一门科学，是一项关系考试成败、人才培养质量的系统工程；二是要学习、掌握这门科学，了解、熟悉这系统工程的特点、运行规律和控制理论与方法等。唯有如此，才能够确保课程考试组织实施的科学有效性。

（二）建立考试中心，完善考试管理规章制度

考试管理要系统化、规范化，必须建立健全考试管理机构。考试是一项系统工程，为保证考试的顺利进行，提高考务人员的业务水平和考试管理质量，高校应该成立考试中心，统一管理高校课程考试。作为高校考试的综合管理机构，考试中心的职责与任务包括以下几点：

1. 统一规划、组织和实施高校的课程考试

传统课程考试的模式是高校制定统一的要求，各教学单位自行命题制卷、施测、评卷、登分，有的高校有总结评估的环节，有的高校没有。课程考试事关人才培养质量，又是一项科学性、技术性很强的系统工程，应该由学校即考试中心统一规划、组织和实施。

2. 建立、完善课程考试管理规章制度并坚持严格地实施

课程考试的主要目的和功能是育人，有利于人才的培养和成长。为了实现这种功能，达到这种目的，课程考试及管理就必须科学严密。课程考试又是一项科学性、技术性很强的系统工程，故对其管理必须有一整套科学、合理、严密的规章制度，并在课程考试中坚持严格地实施。

3. 针对学校课程考试的实际和需要，开展课程考试的评估与研究对实施的课程考试组织分析、评估和根据需要开展针对性研究一直是高校不够重视的环节，而这又是一项提高课程考试质量，进而有利于促进人才培养质量提高的重要工作。所以，这将是考试中心的一项重要任务。

4. 承担考试管理方面的人员培训

课程考试的监考人员一般是临时和兼职的，对其进行培训是必需的，如组织他们学习《监考须知》《学生考试行为规范》以及《考试违规处罚条例》中的各项条例等，要求他们以高度的责任心和严肃认真的态度对待每一场考试。

（三）培养和建设高素质的考试管理队伍

精干的考试管理队伍，是有效发挥考试管理功能的根本条件之一。严明的法纪可以使考试管理从制度上得到保障，健全的机构可以从组织方面保证考试管理功能的正常发挥。课程考试属校内考试，与社会考试相比，其规模较小，只是学校工作中的一项，且时间上是间断的。然而，这并不意味着课程考试管理就不需要高素质的管理队伍。所以，高校应重视课程考试管理队伍的建设。考试管理队伍包括：（1）科研队伍。考试实践证明，没有科学的考试理论做指导，就不会有成功的考试实践，尤其是现代的考试管理，更需要科学的管理理论、方法、技术和手段。只有在考试管理实践的过程中，有重点、有针对性地开展考试及考试管理方面理论、技术、方法等的研究，才

能使考试工作决策符合科学化的要求，从而发挥考试应有的功能，促进学校发展。（2）行政队伍。考试行政队伍直接关系到考试管理机构各项职能活动的顺利进行和考试管理目的的有效实现，对提高考试管理工作质量具有重要的意义。（3）业务队伍。考试业务队伍是应考试流程的运转出现的，随着各自环节职能的实现，相应的业务队伍也就暂时失去了存在的需要。它包括命题队伍、实测队伍、评卷队伍及评价、监督队伍。

兼职性、非常设性和专业性应该是高校课程考试管理队伍的基本特征，也应该是高校抓这支队伍建设过程中应遵循的基本原则。所谓兼职性和非常设性是指课程考试管理队伍的组成人员不可能是专职的（学校考试中心的人员例外），这一部分人员只占整个队伍的很小的比例，他们平时可能工作于校机关、教学单位或学校的其他单位，只是在学校组织课程考试时才成为考试管理人员。所谓专业性是指这支队伍的成员应该具有专业化的水平，即他们中的绝大多数人虽然不是以考试管理为职业的，但他们都应该了解和熟悉自己在考试管理中所负责的那一项工作所必需了解和熟悉的理论、技术等专门知识技能，并具有搞好这项工作的较强的能力。没有职责就无所谓管理，高校对这支特殊队伍的管理也应同其他队伍的管理一样，分工明确、职责明确、考核明确、奖惩明确。

（四）实施科学的教考分离

教考分离制度是一种现代教学管理手段。所谓“教考分离”是指将教学与考试分离进行，即将过去某一课程由任课教师自己命题、自己评分的做法改为从规范、标准的试题库中筛选、组合出符合要求的试卷，或由教学管理部门组织教学经验较为丰富的非任课教师依纲命题，并统一组织考试、统一评阅试卷。实行教考分离的目的是提高考试的质量和水平，为学生成绩的评定、教师的教学评价以及教学管理决策提供科学的依据，它有利于促使教师授课全面系统地贯彻教学大纲的各项要求，促进学生端正学习态度和良好学风的建设，这样既能促进教师的教，又能促进学生的学。充分体现了教师的主导作用和学生的主体作用相结合的教学原则，充分调动了师生的积极性。推行高校的教考分离需从以下四方面入手：

1. 加强宣传，统一思想

推行教考分离的首要任务是加强对教考分离制度作用和意义的宣传，从学校上层、中层到教师，层层推进，调动各方面的积极因素，使认识统一到培养合格人才上来，以利于逐步实施教考分离制度。

2. 科学合理地安排实行教考分离的课程

从教学总体效益上讲，并非每门课程实行教考分离都有利，如文科类的一些课程，本身要求学生涉猎广泛，如果把试题局限于课堂内的几本书，显然不利于培养学生的能力；又如理科的一些专业性很强、难度很大的后续课程，学校常常只有一两个老师熟悉课程内容，推行教考分离也不太切合实际。因此，学校应该在充分调查研究的基础上，科学合理地安排实施教考分离的课程。

3. 积极修订教学大纲，为课程实施教考分离创造前提条件

教考分离制度将教与考分为两条线，没有课程大纲则无法组织有效的教学，更无法组织有效的考试。因此，高校应积极组织力量修订、制订课程大纲，为课程实施教考分离创造前提条件。

4. 建立高质量的题库，使教考分离更科学化

实行教考分离的重要途径是建立科学的题库，科学的题库可以提供各种规格、各种层次及科目的试题。采用试卷库的试卷可以克服教师命题随意性等相关问题，学校内部考试通过这方面的改进可提高校内考试的质量与权威性。建设科学的题库、卷库并非一蹴而就的，它既是一项阶段性的、多方人

员合力攻坚的综合技术工程，也是一项长期的、由专业技术人员不断充实、革新、完善的系统工程。在高校中因学科、专业的多样性，试题要注意学科性、专业性及适应学生能力、教学水平变化的需要。

（五）考试方式多样化

学校应鼓励教师根据本门课程的性质选择灵活多样的考试方式，突出课程的考核重点。在国外，高校考试的方式在20种以上，如无人监考考试、论文、开卷考试、阶段测试、试验和实地考察、答辩、专题讨论、口头演示、同学评价、图片演示、设计、制图或模型、个人研究项目、小组研究项目、自评、以计算机为基础的评价、资料分析、书评、图书馆运用评估项目、课堂表现、作文、实习和社会实践笔记或日记、口试以及闭卷考试等。国外考试的显著特点之一就是每一种形式都有与之相配套的设施和措施为后盾，以保证整个考试的有效性。

高校基本的考试形式可采用以下几种：（1）闭卷考试。考试中不允许携带和查看任何资料的一种用笔答卷的考试方式。（2）开卷考试。考试中允许携带和查看资料的一种用笔答卷的考试方式。该方法根据允许携带和查看资料的限制情况，可分为全开卷考试和有限开卷考试或一页纸开卷考试。全开卷考试指考试中允许携带和查看任何资料；有限开卷考试或一页纸开卷考试是指在考试中，允许携带和查看规定资料或写有学生自己总结和归纳课程内容的一页纸。（3）口试。应试者通过口头语言来回答问题的一种考核方法（答辩考核），它是面试中常用的一种。（4）成果考试（如设计、论文、报告、制品等）。应试者就某个具体问题或任务、项目通过查阅资料、计算、绘图和制作等环节，用规范的方式做出书面表达或形成实物作品的一种考核方法。（5）操作考试。通过应试者现场操作或具体的工作实践，直接检测应试者所具备的从事某种工作的现有素质、技能与能力的一种方法，包括实务作业、样本操作和模拟操作等测试方式。（6）计算机及网上考试。指直接在计算机上答卷的一种考试方式。（7）观察考核。通过对学生一定时期的观察，对其做出评价的一种考核方法。

每种考试方式各有其特点，单凭一种考试方式不可能全面反映学生综合运用知识的能力，应采用其中几种方式相互组合以取长补短，这样既可以考查学生掌握知识的程度，又可以检验学生运用所学知识解决实际问题的能力，使考核结果更全面。还可以通过奖励措施鼓励并引导学生从多方面、多角度，用多种方法来解决同一问题，以培养和发展学生的创造思维能力。选择最佳的考试方式是提高考试效度的重要途径，适当灵活的考核方式能够进一步提高学生的学习主动性和自觉性，从而进一步巩固和深化所学课程的知识，举一反三、触类旁通，这样既能帮助学生培养良好的学习习惯，又能锻炼他们各方面的能力，从而达到育人的目的。改革考试形式并不是简单的问题，它需要各方面的配套改革措施，需要有规范的教学政策和条件来支持，尤其要求改革传统的教学管理体制。考试形式与教学思想、教学内容、教学方法、课程安排和师资队伍建设等都密切相关。所以，考试方式的改革不仅需要鼓励广大教师改革考试的内容，还需要各方面的配合与合作才可能取得成功。

（六）网络化考试——知识和信息时代高校考试的改革方向

21 世纪是知识和信息爆炸的时代，高校课程考试方式和内容应与时俱进，顺应知识和信息快速发展的局势，充分运用信息时代网络信息平台提供的方便，使考试管理既严肃、科学，又灵活、多样和开放。我们要以激发学生的学习和探索知识的兴趣为前提，使学生处在相对轻松的课程学习过程中，为掌握更多的知识和提高分析解决问题的能力而学习，以提高教学质量。

实施网络化考试，顺应知识和信息快速发展的局势，提高考试质量。从考试方式上，提出打破传统的以闭卷考试为主的方式，应根据不同专业、不同课程的性质或特点，灵活运用闭卷、开卷、笔试、口试、答辩、论文、操作等多种考试形式和方法，并增加考试机会。从考试内容上，提出拓宽考题所涉及的内容，增加考核学生分析和综合运用能力的题型。在命题时，要严格考试命题，坚持教考分离，严格命题环节，加强试题库建设。在评价中，可以通过学生自评、学生互评、小组评价、教师评价等多种形式进行。通过这些丰富多样的考核形式，能促进学生开放性个性和创新意识精神的形成。

网络考试是指通过局域网或者互联网，并利用计算机进行考试的行为，网络考试和在线考试及网上考试的概念都是一致的。网络化考试将传统考试的各种工作流程通过计算机实现信息化和电子化的管理，使各种考试可以在网络平台下实现，它包括组卷系统、考试系统、阅卷系统、成绩查询分析系统、试卷制作管理系统。该种考试形式在实现无纸化考试的同时，也强化规范了教学评估的手段，适应多媒体教学的层次和水平，同时也提供了科学准确的教学研究数据，具有传统考试形式不具有的优势。

目前，高校已有完善的网络系统，包括信息联网共享系统和大型计算机房以及许多学生都有自己的个人电脑，高校实施网络考试的硬件已经具备。同时，高校具有一批高水平的计算机专业知识的教师和相关技术人员；所有高校学生在入学第一学期都有计算机基础应用的课程，这为进一步提高学生的计算机理论和应用打下了基础；许多成熟的网络考试平台或软件已应用于不同行业的考试中；许多高校都有计算机和信息技术相关专业等，这些都是高校实施网络考试的软件。通过合理调配和运用这些硬件和软件，高校已具有了全面实行网络化考试的条件。

网络化考试具有以下优点：

第一，网络考试要求具有高质量的科学性、全面性、难易程度和测试学生综合学习水平和能力等方面的题库。在我国高校，无论从规模、数量和质量还是师资水平各方面，已具备各专业和学科标准化和高质量的题库建设的要求。要通过由不同高校相同专业推选优秀的专业教师组成考题题库的命题机构，搜集、整理历年题库和命题，并在此基础上根据不同课程的发展现状，建立不同专业课程的高质量的试题库。由于命题机构是由同一学科优秀的专业教师组成的，试题的科学性、全面性、难易程度和测试学生综合学习水平和能力等方面会得到最大限度的提升，并且会通过不同学校学生考试效果的检验和随着学科的发展而不断改进和更新。

第二，网络化考试有利于培养和考核学生分析解决问题的能力。由于试题的科学性、全面性、难易程度和测试学生综合学习水平和能力等方面的优化，能够考核学生的学习效果和分析解决问题的能力，这也同时要求和促使教师不断地自我学习，改革和改进教学方法、教学内容和教学水平，促使学生不断改进学习方法和学习态度，以提高其综合学习能力。

第三，由于有了高质量的题库和网络考试，使同一门课程不同时间进行多次考试很容易实现，使学生处在一个相对宽松的探索知识和提高分析和解决问题能力的学习环境当中。

第四，实施网络化考试提高了考试成绩的区分度、效度和信度。由于统一的高质量的试题和科学的评价标准及试题的科学性、全面性、难易程度和测试学生综合学习水平和能力等方面的提升，使考试成绩的区分度、效度和信度具有科学性。

第五，实施网络化考试能够节约人力资源。实施网络化考试能够节约教师的命题和阅卷时间，可以使教师把更多的精力和时间用于教学和科研上，以不断提高教学水平和教学质量。

第六，实施网络化考试有利于学生更好地运用网络信息探索和学习科学知识，从而培养学生良好的上网习惯。实施网络化考试除了具备科学性、全面性、难易程度和测试学生综合学习水平和能力等方面的题库外，与之相适应的相关学科的网络学习和复习资料也能为学生的学习辅导提供方便。学生在进行长期网络课程资料的查询和学习中，会潜移默化地引导他们把网络作为探索学习的主要工具。

第七，实施网络化考试具有巨大的经济和社会效益，对构建节约型的可持续发展的社会具有积极的作用。如能够节约大量的纸张和油墨等消耗性和污染性的资源，从而对减少土地和植被的消耗以及减少环境污染起到积极的作用。

第八，高校实施网络化考试对推动网络考试的全社会普及有着重要的示范作用。作为科学技术创新发展主要源泉的高等学校，对推动科学技术转换为生产力起着巨大的示范作用。高校实施网络化考试对推动网络考试的全社会普及有着重要的示范作用。

正是由于网络化考试明显优于传统考试形式的诸多优点，实施网络化考试成了高校考试改革的一个重点方向。

第五章　高校教育教学的模式与创新

第一节　高校教育教学模式

一、“集中式学习”的教学模式

相对来说，集中式学习是一种较为传统的教学模式。集中式学习是以教师为中心，即由教师根据教学计划中统一规定的课程内容和教学时数，把学生集中到一起按照学校的课程表进行分科教学的一种组织形式。该教学模式强调教师的主导作用。当教学规模不是很大时，集中式学习这种组织形式相对来说是比较经济、有效的。

在这种组织形式下，教师的主导作用易于发挥，便于教师组织、监控整个教学活动的进程；有利于教学管理，使教学有目的、有计划、有组织地进行；有利于自然学科的学习，自然学科中许多内容需要进行演示、分解和剖析，有些内容需要学生亲自去感触等；有利于学生之间以及师生之间的情感交流，充分体现情感因素在学习过程中的重要作用。

尽管集中式学习有上述优点，但它在高校教育教学活动中存在的弊端也是十分明显的：首先，这种教学模式无法解决学生参加学习时存在的工作与学习的矛盾、家庭与学习的矛盾以及分散居住与集中学习的矛盾；其次，它忽视了成人学生不同于其他学生在学习活动中的自主性和独特性；最后，集中式学习方式过分强调标准化、同步化、模式化，整齐划一是这种学习方式的目标追求，对成人学生知识的扩展会产生不利的影响。针对学生在学习过程中凸显的矛盾和问题，要真正保证教学效果、提高教学质量，就必须对现有的单一教学模式进行改革。

二、“分布式学习”的教学模式

随着经济形势和信息技术的不断发展，社会总体人力资源的需求形势也发生了巨大变化，对各类高素质、高学历的专业技术人员的需求提高到了一个新的层次，对高校教育提出了更高的要求，使得传统的教学模式受到了极大的挑战。

新的信息技术在教学活动中的应用，计算机网络的发展能够使教学内容得到有效的远距离传递，学生可以不必像以往那样，全体集中到一个地点，由教师面对面地传授知识。电子邮件可以支持学生之间、师生之间的交流与合作，解决学习中的问题，开展各种讨论，教学模式不再单一，因此，“分布式学习”的教学模式便应运而生，并迅速以自上而下的政策推广形式，借助国家高校教育政策手段投入各地办学实践。“分布式学习”是远程教育的建构主义，采用建构主义的学习环境的设计思想，将传统的以教师为中心改变为以学习者为主体，着重于为学习者提供丰富的资源建立自己的认识和理解。我们将这种新的远程教育形式称为分布式学习。

目前对“分布式学习”的教学模式的理解有几种观点：美国及很多国家的学者认为“分布式学习”和远程教育是一样的，指的是各种不同于面对面教学的教育；还有的认为，“分布式学习”是指开放和远程教育在传输课程时逐渐向使用新信息技术的转变；另有观点认为，“分布式学习”可作为人机交互工作的一个整体。尽管对“分布式学习”有各种不同的描述，但都认为“分布式学习”实际是一种教学模式，它强调的是“分布”，强调为学习者提供灵活的、突破时空限制的教育，适应社会经济发展以及对人才的需求。

"分布式学习"教学模式的出现，使面对面教育和开放远程教育之间的边界逐渐消失而趋于融合；加强了以学习者为中心，更有效地促进学习者的学习；使我们认识到要根据时空分布方式的变化调整学习和教学策略；"分布式学习"强调的是学习环境，学习者分处在不同环境中，有着共同的任务，在"分布式学习"环境中共同合作完成学习任务，学习是不同环境的分布，不一定受限于正式的机构设置。

随着教育的全球化，"分布式学习"模式也要具有国际化思维，适应来自不同文化背景的学习者。可以说"分布式学习"是未来学习方式发展的一个新趋势。

也有人认为，"分布式学习"模式可以结合传统课堂教学应用，结合远程教学应用或可用于创建有效的教学课堂。学生可能身处远方参加远程教育，也可能是集中式学习中的一员，但他们在索取资源、汲取知识时，所利用的资源不仅仅局限于教师或者某个机构，而是充分利用现代信息技术，利用分布在各个不同地方的资源，使学习资源远比以往的单纯的传统课堂授课方式要丰富得多，所以"分布式学习"强调的是资源的非集中化。另外，"分布式学习"的教学模式除了可以使学习者获得丰富的资源外，也是传统课堂授课方式的补充和灵活运用，如可通过电子邮件交作业、答疑，通过网络与教师、学生甚至专家进行交流和讨论，等等。这一教学模式在成人教育教学活动中的优势十分明显，它解决了成人学生在学习中存在的工作与学习、家庭与学习、分散居住与集中学习的诸多矛盾，同时丰富了学习资源，学生获取知识的渠道更加宽广，教与学的方式变得更加灵活，学生学习的自主性也得到了加强，对于学生的发现性学习和研究性学习能力的培养也起到了很好的促进作用。

三、“双元制”教学模式

“双元制”教学模式也可称为“双轨制”教学模式，是德国在100多年来传统的学徒培训制度基础上发展而形成的。“双元制”中的“一元”指职业学校，另“一元”则指企业。学校承担学习文化和基础技术理论，企业承担职业技能培训，两元结合完成教育任务，故称为“双元制”。“双元制”是学校与企业分工协作，以企业为主；理论与实践紧密结合，以实践为主的一种成功的教育模式。学生在企业里接受职业技能培训的同时，又在学校里接受专业理论和普通文化知识的教育。这样，既能够使学生具备毕业后立即上岗的能力，又通过学校教育使之基本素质得到提高，从而具备继续学习和终身学习的基础。

“双元制”教学模式具有以下特征：职业培训在两个完全不同的地点进行——企业和学校；受训者兼有双重身份——学生、学徒；培训者由两部分人承担——实训技师（师傅）、理论教师；教学内容原则上分两部分——企业培训按政府的培训条例和大纲进行，学校教育按国家和省级教育主管部门公布的教学大纲进行；教学管理——企业培训由政府管理，受政府法规、条例等约束，学校教学由教育主管部门管理，受教育类法规约束；经费来源的两个渠道——企业培训的费用由企业承担，学校教学的费用由政府和学生承担；以职业能力为本位的培训模式；以市场和社会需求为导向的运行机制。

“双元制”在20世纪90年代引入我国，应用到高校教育教学实践中，成为一种特点鲜明同时富有成效的人才培养模式。经过多年的发展，已经取得了一些成就。已经有许多实践性较强的专业采取了这种教学模式，例如，汽车维修、炼钢和轧钢、保险、物业管理、机械制造和医疗等。“双元制”教学模式的应用为我国成人教育发展提供了借鉴，从中可以看到“双元制”

教学模式以下一些优势：

第一，改革专业课的课堂教学模式，促进学生技能的提高。“双元制”教学以职业能力为本位，各院校在实践中都突出了实践性的原则，使学生在学习的同时获得职业工作的经验，与传统的课堂型职业教育形式相比存在明显的优势。

第二，加强了学校与社会和企业的联系。“双元制”教学模式打破了传统的封闭的办学方式，由学校和企业共同承担培养学生的责任。因此，在办学中学校增强了与外界的沟通，更多地了解了社会和企业对人才的需求情况，克服了以往办学的盲目性。

第三，加快了师资队伍的建设，教师的理论水平和实际水平都有所提高。在“双元制”办学过程中，提高了专业教师的实践能力，改变了以往的教师基本上是学科型的，实践能力不高，动手能力不强的状况。

第四，改革了课程结构，丰富了教学内容，使教学方法灵活多样，促进了教学模式的改革。

第二节　高校教育教学课程创新

一、创新课程理念，加强课程的人本性建设

当今的时代是充满竞争的时代，核心的竞争是人才的竞争。人才的成长主要靠教育，教育在人类生活的重要性也越来越被人们了解。

教育应该把人的发展放在第一位。21 世纪，整个社会所需要的人才是智慧型、复合型、创造型的人才，要求培养高素质、高能力、高水平的人才和数以亿计的一般人才，而不是单纯的传统的知识型人才。美国著名未来教育

学家沙恩指出："我们的学生在未来要经历两次大浪潮，即微电子技术浪潮和信息预测浪潮，以信息为依据的预测和智慧，将变得比知道如何获得信息更为重要。"所以说，智慧比知识更为重要。21 世纪的人才应该具有合理的知识结构和充分的智能，具有创新精神和创新能力、事业心、开拓精神和合作精神，具有高尚的人格和优秀的个性品质。21 世纪，人的发展是最重要的，课程理念应该改变，把人（学生和教师）的发展提到核心地位予以认识和宣扬，树立"人本理念""人的发展"代替以前的"学科本位""知识本位"的提法，应强调学习过程中的"态度""价值观""兴趣和经验"以及"实践能力"等。

课程的发展变革应该为教育目的服务。高校课程理念、课程体系价值取向应该以人的发展需要为基础，要建立新的课程体制，统一、单调、固定的课程设置为灵活多样的、既有理论又有实践的课程设置。在课程中，要坚持以人为本，并充分利用多媒体进行形象化教学，要从强调内容向强调过程转变，从强调积累知识向强调发现、重视创造、发展能力、形成素质转变。以学生的发展为本，培养创新精神和实践能力为课程理念是时代的要求。加强课程的人本性，建设以人为本的课程体系具体可以从以下方面入手：

（一）符合人的认知规律，重视知识的逻辑顺序和层次结构

教育的目的性和计划性首先体现在课程的设置和编排之中。课程设置和编排的基础，是对知识结构的规划和设计。因为，人的发展的各个方面，都是以"知"为起点的，智力、能力、技能、技巧也好，情感、兴趣、态度、动机、意志也好，理想、信念、道德和审美观也好，都离不开"知"，都要从"知"开始。科学的世界观的形成更离不开知识和经验，离不开一个人对客观世界和人的主观世界的系统认识。课程的设计和编排就是要着眼于形成学生的某种知识结构，以此作为学生全面发展的知识基础。

按照认知心理学家的看法，认知结构是由知识内化而形成的。它不是简单的记忆和接受的结果，是经过了思维的创造性加工改造，并形成了相应的智力技能、操作技能和行为习惯。那么，教材要选取什么材料才能塑造学生的合理的结构呢？奥苏贝尔认为，先必须找出那些决定学科基本结构的“强有力的观念”，确定学科中特定的组织和解释性原理。用布鲁纳的话说，就是要重视学科的基本结构。

课程设计中之所以要强调学科的基本结构，是由于学科基本结构对学生的学习具有特殊的心理学意义。第一，掌握学科的基本结构有利于学生理解学科的内容。在新异的学习情境中，通过由一般概念原理到具体内容的演绎性教学模式获取新知识比归纳获取新知识要省时、省力。学生认知结构中一旦有概括水平高于新知识的原有固定观念，新观念和新信息的获取与保持才最有成效。第二，掌握学科的基本结构有助于学生记忆的保持与检索。人类记忆的主要任务不在于贮存而在于检索。只有把一个个材料放进“构造得很好的模式”里，材料才能因得到简化而拥有“再生”的特征，学生一旦掌握了学科的基本概念，就能简化信息，减轻记忆负担，并产生新命题，推演出大量新知识。第三，掌握学科的基本结构有利于学习的迁移。学科的观念越是基本，几乎归结为定义，则这些观念对新问题的适用性就越广，越有利于后继学习。

确定学科的基本结构，必须考虑学生的学习准备。这一方面是知识的准备，更重要的是认知发展的准备，即由一般认知成熟程度决定的学生从事新的学习和一定范围的智力活动所应具备的认知功能的基本发展水平。

布鲁纳虽然宣称可以将任何事物以适当的方式教给任何年龄阶段的任何人，但他同时也十分重视学习的准备。他认为，如果过早地将不适当的知识结构教给学生，超越了他们认知发展的水平，学生的认知结构就会“闭合”，反而不利于他们今后获得更适当的学科知识结构。因此，课程的选择和编排既要符合教学规律，又要体现大学生身心发展特征；既按照一定的程序将完整的知识提供给学生以保证教学的系统性和循序性，又按大学生的年龄特征来筛选课程以保证学习的量力性和可塑性。学科内容的体系是学生学习该门课程的逻辑线索，应以有关科学的体系为基础，处理好课程关系的“四个性”：(1)理顺课程的承续性(先行或后续课程)；(2)注意课程内容的过渡性；(3)重视课程结构的整体性；(4)实现关键课程的不断线。同时，教学是特殊的认知过程，教学规律必须符合学生的认知规律。古人言“欲速则不达”，课程偏多或偏少、过难或过易、“吃不了”或“吃不饱”，均会影响学生的发展，从而达不到教育的目的。大学生身心发展趋于成熟但尚未成熟，具备了掌握系统科学知识的充分条件，且可塑性强。因此，课程设置的起点要适当，台阶要小，每学期课程门数要安排适当，不宜过多，主要理论课的门数和时间不要过分集中，要给学生自学和独立思考留出足够的时间和空间。

（二）符合人的个性发展规律，设计个性化培养的课程体系

课程设计的实质是设计学生的学习活动，其最终目标是促进学生个性和谐而充分的发展。在学校教育中，学生个性发展的全面性取决于学生学习活动类型的完整性。课程设计要实现其最终目标，就必须遵循功能完备原则，即将人类活动的各种基本类型完整地纳入学生的学习活动体系，以促进学生个性的整体发展。

高校教育的课程设计，既要遵循这一原则，也要和自己的专业教育相适应，如何将自己的学科、专业范围内的知识结构展现给学生，让学生根据自己的特长爱好选择自己的发展方向，是个性化培养的一个前提。

个性化课程组织强调个别发展，以学生的需要、兴趣和目的来进行课程的组织。它有两个特征：一是以个别学生而不是以内容为其组织的线索；二

是不预先计划，而是随教师和学生一起进行教学任务而演化形成的。这种组织主要有以下三个特征：

第一，课程的结构由学习者的兴趣和需要来决定。这意味着是学习者自己直接感觉到需要和兴趣，而不是由设计者来考虑学生需要什么或他们的兴趣应当是什么。

第二，只有当教师和学生一起确定追求的目标，规定查阅的资料、计划实施的活动及安排评定的程序时，课程组织才会形成。

第三，把重点放在所学习问题的解决过程上。追求兴趣的过程中，碰到某些必须解决的困难和障碍构成真正的、学生渴望接受挑战的问题。

（三）符合人的社会发展特征来组织课程

在高校教育过程中，人是高校教育实施的对象。大学生的发展包括生理和心理两方面的发展，它受到遗传和环境两大因素的制约。高校教育作为一种特殊的环境因素，在人的身心发展中起到主导作用。高校教育活动主要就是指培养和发展一个人全部潜能的过程，即把一个人在体力、智力、情绪、道德等各方面的因素综合起来，使他成为一个具有良好素质，在某些方面具备特长，身心得到全面发展的人。高校教育要达到其目的并体现其功能和价值，其活动就必须遵循受教育者——大学生的身心发展特征和德智体美等全面发展要求来进行。根据大学生的智力、体力及个性发展的水平和特点，结合大学生的个性差异，使大学生获得更多、更广的知识的同时，更要全面培养大学生的思维能力和独立地获取知识的能力，培养他们科学的世界观、方法论及崇高的理想和信念，使他们坚持社会主义的正确方向。

1. 课程应该引导学生认识社会。社会如同一面多棱镜，不同的视角有不同的结果，社会的发展是动态的，不同的发展时期有不同的特征。高校教育要引导学生去正确认识、把握这些特征。教育学生懂得科技化知识是远远不够的，社会需要全面发展的人才，如理工科大学生不仅需要科学素养、工程素养，而且还需要人文素养。理工科人才面对具体的工程项目，考虑的不能仅是技术问题，必须考虑到社会多方面的因素，进行价值判断。在做可行性报告时，要考虑到特定的地理人文经济因素。产品设计不仅要经济实用，而且要满足人的审美情趣和心理特征（建筑设计还要考虑到历史文化因素）。理工科学生还应具备社会责任心，能够想到他们所从事的工作对自然、对社会的影响，并由此做出正确的判断。这对课程构成提出了要求，不仅要开设科学课程，而且还要开设工程课程、文化课程。

2. 课程应该引导学生适应社会。社会的发展不以个人意志为转移，课程的变化、发展要与之相适应，课程的设置既要保证各自的学科性，还要有相当的灵活性，如现阶段，开设创业教育课。另外，要重视建设适应性课程，适应性课程的特点就是课程本身具有适应变化的能力，采纳以未来为导向的动态的学习材料，取代传统课程中以过去为指向的静态的学习材料。

有学者提出适应性课程体系由配套的四部分组成：数据书、阅读书、核心课本、教师参考书。适应性课程不仅有助于保持课程的相对稳定性，形成学生一定的思想方法，同时其灵活的组织方式和对学生的独立探究过程的强调也有助于随时纳入新的信息与材料，向新思想、新观点开放，从而促使学生在掌握文化发展规律的基础上了解历史、立足现实、适应社会。

3. 课程应该引导学生融入社会。高校课程在加强学生专业基础理论课程教学的同时，必须根据社会发展、科技进步、生产方式变革的动向，或让学生深入社会和生产部门，以丰富社会经验，学习并应用实际知识，或让学生通过自主的科研活动加深与实践的结合。理论与实践的关系在不同的专业会有不同的要求。理、工、农、医各专业要获得实验、实习、计算机应用、绘图和某些必要的工艺及有关现代技术的训练；文科类专业要获得阅读、写作、资料积累、文献检索、调查研究、使用工具书等方面的训练；艺体类专业、师范类专业要加强专业技能的实践训练。因此，从某种意义上说，在大学教育中，理论课程是引导学生向学科纵深发展的基础，实践课程则是引导学生融入社会的敲门砖。

二、创新高校教育课程理论体系的研究与构建

（一）高校教育课程理论研究现状

对我国高校教育课程建设状态的研究，不同的学者有不同的观点。有学者从课程研究的角度叙述了课程研究的历程，他将我国高校课程研究划分为四个阶段。第一个阶段是从 20 世纪 50 年代中期调整到 20 世纪 60 年代中期，基本上是以经验指导教学工作的，这个阶段称为“经验主导阶段”。从 1978 年到 20 世纪 80 年代末，是高校课程和教学理论发展的第二个阶段。开始把高校课程与教学作为一个独立的领域进行探索。这一阶段也开始了对教育思想、专业设置、课程编制以及课程与教学评价等前一阶段比较忽视的方面的研究。虽然研究成果比较零星，但反映出我国高教界已开始对课程研究领域具有了“自我意识”，可以称为“理论探索阶段”。从 20 世纪 80 年代末到 1997 年，是我国高校课程与教学领域研究的第三个阶段。这一阶段产生出一批比较系统的专著和文献。其中有些专著对这一领域的基本理论和研究范畴进行了总结，并逐步建立起了这一领域的有关理论的系统。这一阶段是高校课程研究领域的“理论初建阶段”。1997 年以后为第四阶段。其他学者也有不同的分法，但事实依据基本相似。

多年来，对高校课程理论的研究主要表现在三方面。一是专业设置研究。如何进行专业设置？或怎样的专业设置才是健全有效的？有学者认为，按国家建设需要，确定专业的设置，并以专业为基础做有计划的招生。每种专业，

各有一套具体的教学计划。各个专业的教学计划中，所列各种课程都是必修，没有一样是选修科目。二是课程体系问题。无论是专业教学计划的编写，还是教学大纲、课程内容的处理，核心问题都是要研究出合理的结构，课程体系主要集中的问题为基础课程与专业课程的关系以及必修与选修课程的关系。三是课程综合化问题，指出课程综合化的内涵，也指出了课程综合化的成因。

（二）高校教育课程理论体系的研究与构建

在课程界，对课程理论的研究及理论体系的建立是一项长期而艰苦的工作，因为不同的哲学思想会导致不同的课程理论。在课程史上，曾有以泰勒为代表的科学课程理论（也称理性课程理论），以施瓦布为代表的自然主义课程理论和以后现代思想为主导的激进课程理论以及解释学课程理论、审美的课程理论等，但从没有某种理论能有“一统天下”之功效，这种百家争鸣的局面似乎表明课程理论尚未成熟。

在高校教育界，人们关心课程理论的进展，但更关注课程理论对应用研究的作用，即如何用这些已有理论来指导高校教育课程理论或课程体系的建立，脱离纯理论研究的羁绊，一般认为大学课程理论体系是由多个方面的内容组成的。它包括培养目标与规格的变化、课程政策的调整、课程结构的构建、课程建设标准的制定、课程资源的开发与利用、评价体系的建立、教师教育及制度创新等，是一个由课程建设所牵动的整个高校教育的全面建设，是一个系统，需要教育行政部门、科研机构、高校（其中教师是最为关键的因素）等的共同参与和完成。它牵涉到高校教育整体和各个局部的关键领域，受到课程内部和外部、宏观与微观等多方面因素的制约，其成功与否取决于诸多因素本身的质量水平及其构成。

课程是为培养目标服务的，课程建设必须服从于培养目标。因此，对培养目标的研究与解释，应该是课程理论建设中不可忽视的问题。人们现在普遍对过去的专才目标持批评态度，但并未形而上学地完全否定，只是强调要在通才教育的基础上进行专业教育或通才教育要与专业教育相结合。值得注意的是，自 20 世纪 90 年代中期以后，不少高等学校在考虑本科教育培养目标定位问题时，都极力回避使用“通才”或“专才”概念，更多地提介于两者之间的复合型人才概念。

课程政策是指国家教育行政主管部门在一定社会秩序和教育范围内，为了调整课程权力的不同需要，调控课程运行的目标和方式而制定的行动纲领和准则，它的重点在于解决“由谁决定我们的课程”或者课程权力的分配问题。它的构成要素主要有三个：第一，课程政策目标，它是课程政策三大要素中最重要的要素，反映政策的方向、目的和所要解决的课程问题；第二，课程政策载体（手段和工具），这是三大要素中的主体，它有保证实现课程目的作用；第三，课程政策主体，它是课程政策的制定者和执行者。国家课程政策制定就要考虑课程政策目标是什么，目前的形势是什么，什么样的课程政策才更能促进学生的发展？课程政策载体各有什么？并且随着时代的进步，课程政策也要相应变化。

对课程设置和课程结构方面的理论研究，是课程实践者的期待，也是当前比较薄弱的环节，我国高校教育的课程建设总体结构缺乏科学、合理的理论指导，课程间、学科间缺乏有机的融合，课程比例结构有待合理论证，与课程目标、培养目标的对应也不是很好。当前的研究多数集中在应用层面上，而且也发现了一些现象，如重工程科学、轻工程实践，重专业、轻综合，重知识、轻能力，理工科院校都非常注重科学理论的教学，实践教学方面不是很强，重点强调学好专业，不注重培养学生的综合能力。注意了课程内容的专业性，忽视了课程的综合性；注意了课程的科学性，忽视了课程的技术性。

但是，这些现象在理论层面上表现出的是什么问题，应该用怎样的理论指导来防止这些问题，这正是当前缺乏的和需要研究的问题。目前，我国课程结构基本上是单一的学科课程，普遍存在着重视学科课程、忽视活动课程，重视必修课程、忽视选修课程，重视分科课程、忽视综合课程的现象。这些现象反映出在课程结构研究上理论的匮乏，这些问题都需要课程理论工作者进行不断研究，重新构建一个科学、合理的课程体系。

课程建设标准的制定，课程建设的目的是提高课程的质量。一门课程的质量是受教师的教学水平和学术水平、教学环境和条件、教学方法及效果等诸种因素制约的。进行课程建设，就必须对影响课程教学质量的各个环节提出一定的要求，这就是课程建设的标准。

课程建设的标准可以从以下几方面加以考虑。第一，师资队伍。教师是课程教学的组织者与实施者，教师的素质决定课程的教学质量。因此，课程的师资配备从数量上必须达到一定的要求。一门课程应配备两位以上的教师。也就是说，至少有两位教师能讲授该门课程，足够数量的教师可形成梯队，相互促进，有利于开展科学研究、教学改革等。第二，教学条件。教学文件完备、配套，大纲能明确本课程的性质及其在专业教学计划中的地位和作用，阐明本课程的教学目的、基本内容、教学的重点和难点，说明各章节的联系及本课程与先行课、后继课的衔接，合理安排各个教学环节，反映本学科的新成果，能体现培养目标对本门课程的要求。第三，教学方面。每门课程应有相应的教学研究组织，具有健全的管理制度，教学档案齐全，对教学研究、学术交流、师资培训等都能做到有计划、有措施、有总结；严格执行教师考核制度；重视本门课程教学质量的检查；注意经常听取学生的意见，不断改进教学工作。

高校课程理论体系建设是一个系统的工程，除了上述方面外，还应包括课程评价、教师教育及制度的创新等，包括广阔的研究范围和多种多样的研究内容。这里，我们仅提出课程理论建设的几个方面和课程理论或实践中的问题，以表明课程理论建设的重要性和必要性。真正的课程理论体系建设工作，应该是一项任重道远的工作，还有待课程工作者今后的不懈努力。

三、重视学科课程开发的研究与实践

尽管学科课程已经有悠久的历史，人们已经积累了成熟的经验，但是随着科技的发展和人们认识的深化，学科课程的设计仍然需要不断改进。在初等教育中，一门课基本代表一个学科，但在高校教育中（专业教育），代表一个学科的课程则是一组课程或者一个课程群。

（一）学科课程应具有开放性，以形成并容纳跨学科课程

面对当前学科知识既高度分化又高度综合，交叉学科不断涌现，社会需求多样变化的新形势，以培养专才为目的，以专、深为特点的旧的大学课程体系已经无法适应新的挑战。新时期的课程体系必须克服以往课程体系的弱点，在课程组合上，一方面要强化基础理论课程，增大学科知识中那些较稳定、持久部分的比重，使这些基础的知识成为学生构建其认知结构的平台，为学生的终身学习和进一步的深入研究打下牢固的理论基础。另一方面，要淡化学科壁垒，有意横向延伸，向边缘学科或跨学科方向发展。如在设置公共基础课、学科基础课和专业基础课的基础上，多设置一些综合性、边缘性交叉学科甚至跨学科的选修课程，以适应高校教育培养目标多元化及多元经济时代的多样化要求，帮助学生了解现代科学技术的最新动向，迅速接近科学前沿，培养适应未来需要的高素质人才。

另外，可以尝试开设跨学科课。跨学科课是为了扩展学生知识面而设立的跨专业、跨学科的课程。它的出现是与科学的飞速发展和学科的快速分化

息息相关的，为适应现代科学技术和社会发展的需要，必须开设边缘学科、交叉学科等跨学科课程，以利于大学生的知识在专业化基础上向综合化方向发展。

（二）学科课程要注重综合性，以利于人的全面发展

在今天这样的社会里，假如一个人的知识面狭窄单一，即便学问再深，也难成大器。为了适应社会要求，高校教育已经确立了多元化的培养目标。因此，必须采用设立综合性课程的办法来解除一些专业相互隔离的状况。而这种综合，并不是拼盘式的集合，而是符合教育基本规律，具有必然逻辑联系的课程设置上的优化组合。这种文理工课程的相互渗透、相互交叉的形式，不仅可以拓宽学生的视野，有效培养其思维能力，促进学生的全面发展，实现自然科学与社会科学、科学教育与人文教育的整合，并促使许多跨学科领域的研究和新学科群的出现。

（三）学科课程设置要具有前瞻性，以利于知识的创新

在科技日新月异的当今，高等学校课程的编制必须把握时代的脉搏，预测本学科未来的发展方向，使这些课程中不仅包含前人所积累的知识和经验，还能反映本学科发展的现状和趋势。这就要求我们必须改变过去统一、刻板的教学计划，建立起动态发展的课程体系，在课程体系中留出一定的空间，充分调动教师和学生的积极性，发挥他们的主观能动性，鼓励他们积极探索、勇于创新，使我们的课程不仅具有知识性和系统性，学科课程要具有国际视野，尝试开设国际化课程而且处于动态发展之中。其实，目前世界上的许多国家都特别重视课程内容的更新，都积极地把科技文化的新成就吸纳到高校的课程中，并开设了一些代表未来社会科学发展方向的课程。这充分地显示了当代课程改革的一个重要方向——前瞻性。

（四）课程开设要具有国际视野，尝试开设国际化课程

发达国家的高校教育对此早有觉醒，如美国的哈佛大学和耶鲁大学都声称要造就具有全球意识的人才，而麻省理工学院也声称要培养领导世界潮流的工程人才。所有这些都表明，人们已充分认识到只有突破文化差异的障碍，才能真正地吸收人类文明的优秀成果。

21 世纪是信息化社会的世纪，是人才竞争激烈的世纪，高校教育面向世界是由经济日益国际化决定的，国际竞争将是全方位的，其背后是国际教育的竞争，实质是较强应变性和适应性人才的竞争，这一发展趋势也对高校教育培养的人才质量提出了更高的要求。因此，我们在高校教育的课程设置中必须具有国际视野和全球意识。我们应该教育高校学生，使他们认识到要在世界舞台上占有一席之地，高校就应开设如外语、国际关系、国际文化、国际信息与市场信息等。

第三节　高校教育教学创新之慕课

一、高校基于慕课的新型教学模式探索

当前，基于慕课的教学模式日益渗透我国高校教育的课堂，慕课的教学理念也推动着我国高校教育人才培养方式的转变，对高校培养人才和实现内涵式发展是一个难得的机遇。对此，慕课有哪些优势，是否适用于高校的教学，高校如何构建基于慕课的新型教学模式，值得深入探讨。

相对于传统课堂教学模式和一般的网络课程，慕课主要具有以下两个方面的优势：

（一）带来广泛的、优质的、模态化的教育资源

现开设的慕课突破了国际和校际壁垒，并不局限于传统的学科，而更注重课程的综合性、实用性和普适性，既有涉及国际前沿的理论课程，如“博弈论”，又有应用型和通识类的课程，如“英文写作”“食物、营养与健康”等。

在慕课中，教师讲解环节主要通过视频实现。慕课的授课视频一般经过师资团队反复研究制作而成，大部分视频的主讲是名校名师，专业师资团队对专业知识的讲解一般比单个教师课堂讲授的质量更高。慕课课程的设计能够突出每门课程的特色，课程教学内容主要以模块的形式呈现。通过约 10 分钟的微视频把知识体系分解为单元模块，突出知识要点，这有利于学习者集中注意力和利用碎片化时间学习和理解。

（二）体现了以学习者为中心的教育理念和教学模式

1. 慕课能够兼顾学习者学习能力个性化的要求

传统课堂主要以教师为中心，教师按照一个版本，面向学生群体统一授课，这难以照顾不同学生个体的能力差异。在慕课中，学习者可根据自己的学习能力自主选择课程内容和难度等级，自主调节学习进度，如果遇到难点或外文课程的语言障碍，可以回播教学视频继续学习。这种个性化的学习方式有利于增强学习效果。

2. 慕课能够满足学习者学习方式多样化的需要

在慕课平台注册的学习者可通过多个社交网站、论坛，运用多种社交媒体与教师、同伴讨论和交流，形成“师生互动”和“生生互动”，共同解决学习问题。学习者在慕课平台中可通过授课视频内嵌测试、在线测试、线下作业等多种方式加强训练；可利用在线教材注释、在线虚拟实验室、可视化游戏等软件辅助工具做课程笔记和模拟实验；可借助教师评价、同伴评价、自我评价所构成的多元化评价方式审视自身学习效果和不足，以便总结提高。

3. 慕课让学习者在学习时间和地点选择上更具有灵活性

在传统课堂中，学生修读课程需在规定时间到指定课室听课或做实验。而慕课课程在时间安排上相对灵活，也没有固定的地点。学习者可以自我计划和管理学习时间，主动营造良好的学习环境。

二、慕课的适用性

慕课的到来为我国高校教育人才培养模式的改革提供了一个很好的机遇，但我国高校在把慕课运用到教学实践中需要考虑慕课的适用性，因地制宜，针对不同高校、不同类型学科课程采取不同的实践模式和应用策略。

（一）不同类型高校可采取不同的应用慕课的策略

对于国内一些综合性研究型高校，在利用国际慕课资源的同时，可开发一系列品牌课程参与到国际慕课平台之中。对普通本科院校和职业院校而言，其策略以吸收、引进和利用国内外慕课资源为主，利用慕课资源实现内嵌式教学课堂以提高教学质量；再根据高校自身的学科优势选择性地开发一些特色专业类或技能型的慕课课程，参与到全球慕课平台中去。

（二）慕课对不同学科课程的适用性不同

慕课在技术和制度设计上尚不成熟，高校教育不同学科课程有不同的知识结构体系和不同的思维能力要求，因此慕课对一些学科在教学过程中的应用有一定的限制性，并非适合所有学科课程的教学。慕课的学科课程适用性具体表现在三个方面。一是慕课本质上属于网络课程的范畴，对于理论课程的教学，可以借助慕课实现优质教育资源的共享，优化教学设计，提高教育质量。但对于实践课程，慕课的实用性并不强。实践课程更多地需要学生现场做实验、实地调研等才能有效培养学生的操作技能和实践能力，而慕课难以实现实地操作和现场体验。即使有些慕课课程试图用虚拟实验室来模仿实验，学生也不能获得如化学实验所释放气味的真实感受。二是慕课更多地应用于以结构化知识传授为主的程序化的学科课程，对于高阶数理推导和逻辑思维训练的学科课程的适用性较小。三是目前慕课的授课语言以英语为主，少数课程配有中文翻译字幕，这对外语类课程和双语教学的课程而言，慕课是十分合适的教学资源，学生通过慕课既可学习地道的外语，又可汲取专业知识。而对其他课程来说，慕课的大范围应用还有赖于中文慕课的开发。

三、高校慕课应用教学模式的构建

慕课具有优质教育资源和先进教育理念的优势，而实体课堂又弥补了课堂难以督促学生、无法面对面交流和开展实践活动等不足。因此，将慕课与实体课堂相结合才是有效应用慕课推动教学模式创新的可行途径。对高校而言，慕课与实体课堂结合的主要形式是将慕课作为课程主体内容，构建翻转课堂；或是将慕课作为课程的强化与补充，形成混合式学习。所谓“翻转课堂”是把传统课堂的“先教后学”模式翻转为“先学后教”的新型教学模式。在上课前，学生独立完成对教学视频等教学资源的学习；在课堂上，学生在教师指引下进行作业答疑、协作探究和互动交流等活动。混合式学习在形式上是在线学习与面对面学习的混合，在内容上涵盖多种教学理论的混合、教学资源的混合、教学环境的混合和教学方式的混合。当前促进高校课程教学改革的一种有效路径是突出资源整合和教学互动，充分利用慕课课程资源，将慕课与实体课堂相结合，建立基于慕课的翻转课堂和混合式学习。具体而言，高校可着力构建“课前设计、慕课学习、课堂互动、实践拓展”四位一体的慕课应用教学模式。

（一）课前设计

在课前设计阶段，由任课教师事先设计课程的体系结构、筛选合适的慕课资源、制作教学视频、提供预习资料，给学生在之后的慕课学习和课堂互动阶段提供导航。课前设计是慕课应用教学模式必不可少的阶段。由于慕课平台所提供的课程并没有严格的课程体系结构，教师在开课之前告知学生关于课程的体系结构和相关的基础知识，可让学生对课程有一个整体把握，避免学习后形成“知识碎片”。由于慕课的课程比较多，而学生对课程的甄别能力有限，且不同学生的能力层次和学习需求存在较大差异，教师在课前设计中筛选合适的慕课课程推荐给学生学习，并为学生设计不同的学习路径以供选择，可帮助学生选择适合自身学习能力和学习需求的优质慕课课程。

（二）慕课学习

在慕课学习阶段，学生根据教师课前布置的学习资料，自行观看必修模块的慕课教学视频和选择性地学习选修模块的慕课教学资料，并完成相应的作业，以便对课程新知识有一定的了解，找出疑难之处。该阶段的学习一般在课外完成，学生可根据个人情况适时调整教学视频学习的进度，遇到授课语言障碍或知识难点，可反复播放视频或查阅相关学习资料，以便加深理解。在慕课学习阶段，学生可以自控式地深度学习，获得个性化的学习体验，完成“知识传递”的过程，该阶段的“先学”是实现下一个阶段课堂互动“后教”的基础。

（三）课堂互动

课堂互动是基于慕课的翻转课堂教学模式的核心，是真正实现“以学习者为中心”的课堂组织过程。在课堂互动阶段，学生在教师的引导下，进行作业答疑、小组讨论、协作探究等学习交流活动。学生的学习过程一般由“知识传递”与“吸收内化”两个阶段组成，在慕课学习阶段学生完成了“知识传递”的过程，而在课堂互动阶段的主要任务是促进知识的“吸收内化”，如对于经管类课程，知识的吸收内化侧重通过问题讨论和案例分析等方式促进知识的综合应用；对于外语类课程，则侧重语言的“输出”练习；对于理工类课程，吸收内化主要是通过实验和方案设计等方式验证原理并在实践中运用。

课堂互动的主要活动包括作业答疑、小组讨论与展示、反馈评价等。在作业答疑中，教师首先根据课程大纲内容，针对学生观看慕课视频和课前预习中提出的疑问，总结出有代表性的、有探究价值的问题；然后教师在课堂上给予学生答题思路和方法指引，由学生独立或师生共同完成作业的解答，并在作业解答和知识点梳理中达到化零为整、知识融通的教学效果。在小组讨论与展示中，学生组成小组，根据教师设置的问题、案例、场景等，开展小组讨论，通过辩论、案例分析等方式探究问题，并通过团队报告、小型比赛等形式展示小组学习的成果。这种协作学习的方式能够增进学生间的合作，提升互联体验，弥补线上慕课学习缺乏情感交流和社会关联的短板，增强学习效果。对于反馈评价，在课堂互动阶段，需要通过教师点评、同伴互评、学生自评等方式，对学生之前是否自觉完成慕课学习、是否掌握基本知识要点、是否积极参与小组讨论、团队成果展示水平如何等进行多维度的评价，以便达到“以学定评”“以评促学”的效果。

（四）实践拓展

高校实施慕课的翻转课堂和混合式学习模式的最终落脚点是学以致用，培养应用型人才。课前设计、慕课学习、课堂互动和评价考试并非课程构成的全部，而实践拓展也是该教学模式下课程教学的重要一环，是课堂教学的延续。实践拓展阶段以成果分享、技能竞赛和社会实践为着力点。由学生团队根据自身对课程内容的理解和学习感悟制作成视频等形式的作品，上传至网络平台，与同伴分享课程学习的成果，通过学生对知识的再创造，加深其对新知识的理解。师生根据课程内容共同开展相应主题的竞赛、调研、实验等实践活动，并给予计算相应课程的学分和学时，以达到训练学生的应用技能和提高其创新能力的教学目的。对于经管类课程，可采取企业调研、社会调查、沙盘演练等。对于外语类课程，可开展英语演讲比赛、英语情景剧比赛、担任兼职翻译等。对于理工类课程，可让学生参与新实验开发、新产品设计、小发明制作等进行实践拓展。

总之，慕课的引入一方面提供了实用性较强、覆盖面较广的教育资源，更大程度地满足高校培养应用型人才的需要，同时也弥补高校优质教育资源缺乏的短板；另一方面，慕课的引入也带来先进的教育理念，这种教育理念强调“以学习者为中心”，注重学习能力的培养。

在这种教育理念引导下，构建慕课的新型教学模式，是推动高校教育教学改革和实现应用型人才培养目标的有力举措。

四、高校慕课教学的改革

慕课的快速推进，给高校的课堂教学改革带来了新的机遇和挑战。这就要求管理者要搭建更高效的资源共享平台来促进课堂教学。教师需要重建课堂教学理念，确立新的教学目标，重新组织课堂教学过程并更加注重过程化、多元化的考核方式。与此同时，教师要做好由统一化培养到个性化培养的转变，由课堂教学到多平台教学的转变，由单向教学到多向互动的转变，由人工教学管理方式向智能化教学管理方式转变。

（一）搭建有效平台，促进资源共享

慕课是与现代教育技术紧密结合的产物，慕课下的课堂教学改革需要凭借平台来运作。目前，慕课运作平台主要有公共的开放平台和校内网络教学平台，搭建好两个平台有助于教学资源的整合，有助于课堂教学改革的顺利推进。

1. 搭建慕课联盟平台

对高校教育发展来讲，建立高效、共享、优质的教学资源合作机制，开展慕课建设、推动课堂教学，将有助于提升高校教育整体发展水平。在搭建慕课联盟平台的过程中，要改变过去的观念；达成推动共建共享慕课机制这一工作共识；制定参与慕课共建共享有关规章，形成和构建相应的共建共享机制。

（1）铺垫平台基础

首先是政策基础。政府需要在政策上给慕课资源共享提供保障，特别是制定学分互认政策，协调学分互认关系，并确定慕课在教学中应用的比例。其次是技术基础。各高校慕课建设应执行国家相应标准，实现平台的交互操作，建设的慕课能够在不同高校的平台上顺利运行。最后是教学基础。教学的基本内容和基本要求应达到一定程度的规范和统一，为学分认证奠定基础。

（2）丰富平台资源

首先，盘活现有资源。各高校现有的精品课程、精品开放课程、资源共享课程、课堂教学设计与创新课程、双语教学课程等课程建设项目，前期进行了大量的投入和建设。这些项目虽然已经完成了阶段性使命，但仍有开发利用的巨大空间，根据慕课建设要求和技术标准对以上相关课程进行改造，充实到平台中去。其次，引进优质资源。目前很多慕课资源平台提供了大量优质慕课资源，在尊重知识产权的基础上，通过协议等形式把这些资源课程嫁接到高校慕课平台上去，使学习者通过一次身份认证便可学习到更多慕课平台上的课程。最后，自主开发资源。鼓励高校自主开发慕课。尤其是在平台运行初期，对高校中的选修课、公共课等共性较多的课程加大扶持开发力度，为高校校际慕课学分互认积累经验。

（3）提供平台保障

首先，处理好“权”“利”关系。在平台上运行的慕课存在着知识产权和利益分配等相关问题。这就需要签署相关协议，以及制定相关制度。平衡好教师、学习者、学校和平台提供者之间的“权”“利”关系，以保障慕课资源共享机制长效运转。其次，成立慕课评估组织。政府可以委托某一高校牵头成立慕课评估机构，对纳入平台的课程，组织各方面专家进行评估。尤其是教学大纲、课程目标、授课内容以及对学生应掌握的知识、技能和应达到的水平进行信誉等级评定，为课程学分认证提供参考。最后，建立协调机制。政府是协调慕课商业化的有效保障，在校企合作过程中发挥着助推作用，也能够敏锐地把握慕课在企业、高校之间的关系。所以，政府应该对慕课平台进行统筹管理。

2. 加强校内网络教学平台建设

目前国内大部分高校都建立了网络教学平台。但从目前运行来看，需要加强以下三个方面的建设：

（1）加快网络教学平台数字化对接

高校内的图书馆信息系统、财务缴费平台、教务管理系统、毕业设计平台、网络教学平台等多个与教学密切相关的系统（平台）分属于不同的管理部门，由不同的公司开发与维护，技术参数标准不尽统一，造成师生身份认证重复操作，给教学和管理带来诸多不便。校内网络教学平台应及时和校园数字化平台对接，共享相关数据信息，使教师上课、学生学习及其他信息查询都可以在一个身份认证下完成。

（2）加快网络教学平台的运用

首先，加强宣传。通过多途径宣传网络平台的优势，发放平台使用手册，并有针对性地开展培训工作，让更多的学生知道并使用平台。其次，出台使用网络平台相关鼓励政策。教师在网络平台上开放慕课或进行相关的课堂改革，耗时耗力，对技术要求高，学校应给予一定的资助或奖励。最后，给学生提供便利的网络学习条件。实现校园网无线网络覆盖、便捷的活动桌椅讨论教室、快速的机房上网服务等。

（3）加强网络教学平台管理

一个合格的网络教学平台需要一套系统的管理模式，才能保证平台的平稳运行。首先，制定和完善相关管理制度。学校要出台《网络教学平台管理办法》等相关制度并及时更新制度内容。其次，及时更新课程资源。及时了解网络技术与课程资源的发展动态，实时引入和更新网络课程资源。再次，做好网络教学平台管理服务工作。做好平台设备的日常维护、使用管理，及时排查故障，确保平台始终处于正常工作状态。最后，做好网络信息安全工作。严格执行课程准入制度，定期巡查入库课程内容，防止无关信息的渗入与传播。

（二）强化过程评价，注重实际效果

传统的课堂教学改革多以公开发表论文、提交研究报告作为改革的成果来呈现。慕课背景下的课程教学改革应建立过程性、多元化的评价标准，着重考核实际课堂教学效果，这就需要采用新的策略来重建课堂教学。

1. 重建课堂理念

传统的课堂教学教师处于主导地位，教师控制着教学进度，课堂教学内容中的重点、难点均由教师来掌控，学生是被动接受知识的客体。而慕课的课堂教学翻转，教学的重心由原来教师的“教”转移到了学生的“学”上，部分内容则由学生通过慕课微视频来实现，教学中的重点是在教学情境中生成的，教师的工作重心在于课堂教学设计和辅助教学。在教学理念上发生了根本性的转变。

2. 重建课堂教学目标

传统的课堂教学主要在课堂上把基础知识和基本技能传授给学生。而慕课背景下的课堂“翻转”使教学目标重建成为可能。学生可以利用课下时间通过微视频来完成基本知识的呈现、讲述与传授，课堂则成为师生探究、问题解决、协助创新的场所。学生可以不受时间的限制来掌握基础知识和技能，通过学生自主学习，掌握学习过程中的重点和难点。在课堂中，学生带着自己的问题与教师探讨、交流，从而获得新的知识建构。

3. 重建课堂教学实施过程

慕课背景下的课堂教学由于教学目标发生了变化，所以教师需要重新组织和安排教学。教学实施过程主要包括课前自学、课中内化讨论、课后深化三个阶段。学生通过课前观看教师拍摄的视频完成初步知识、技能的接受和理解；通过解答教师预设的问题来检验学习过程中遇到的问题或不足；通过网络交换平台和同学、教师讨论学习中遇到的问题，将仍然解决不了的问题记录下来并带到课堂教学中去。在课堂中，教师搜集学生提出的问题，通过讨论、讲解等给予现场解答。期间，教师给学生提出具体的实践活动任务，由学生自主探究或协助学习；在课后深化阶段，教师根据学生对知识的掌握情况，提出一些拓展性的实践任务，给学生提供在真实情景中解决问题的锻炼机会，同时辅以反思、活动，促使学生课后自主探究与反思，促进知识、技能的进一步内化、拓展与升华。

4. 重建课堂教学评价模式

慕课背景下的课堂教学，在教学模式和教学方式上较传统授课模式有很大的区别，更注重过程化考核和多元评价办法。这就需要教师在教学进程中分阶段对学生进行考核，考查学生对已学内容的掌握情况、学习能力、初步运用知识分析问题和解决问题能力。教师可以针对不同的课程性质和特点，选择平时作业、阶段测试、期中考试、研讨交流、答辩、调查报告、读书笔记、项目设计、实践操作、专业技能测试、课程论文、学生互评等灵活多样的考核形式，或采用不同方法的部分组合。慕课下的课堂教学，需要教师以全新的视角来审视教学，重视过程化考核，注重学习者实际学习成效。

（三）发挥慕课优势助力课堂教学

教师要熟记慕课开发及管理相关知识，指导学生学习方式的转变，调整课堂教学知识结构，利用好慕课资源。重点在于教师如何更好地促进课堂讲授与学生慕课学习相结合、线下辅导与线上辅导相结合、自主开发的慕课与其他慕课资源相结合等问题。为此，教师需要做好以下三个转变：

1. 由统一化培养到个性化培养的转变

慕课体现了一种以学生为中心，以“学”为本的教育价值取向，重视激发学生主动学习的积极性，强调学生自主学习。班级授课制下预设的假设是所有的学生有相同的基础，培养出具有该课程基本知识和技能的学生，可以说是同一化培养。而慕课则更注重学生个性化的学习需求，侧重差异化和个性化培养。

2. 由课堂教学到多平台教学的转变

传统的课程教学往往局限于课堂时间内，虽然也要求学生课前预习、课后深化，但缺少检验、交流的平台。而慕课给传统课堂带来了转机，教师可以利用现有的慕课平台课程资源，打破课堂时间限制，形成实体课堂和虚拟线上的合理衔接，由单一的课堂教学转变为丰富的多平台教学。与此同时，教师可以有效利用其他网络资源，如一些交流平台，来补充慕课资源的不足。

3. 由单向教学到多向互动教学的转变

线上平台的开放，无疑延伸了课堂教学时间，形成了师生、生生、个人和小组、小组与小组等多向互动局面。尤其是在“翻转课堂”中，教师的角色发生了重大变化，传统课堂中的基本知识在翻转课堂中教师不再讲授，而由学生课下线上学习。教师的角色由原来的“教学”变为“导学”，授课方式也由原来的单向教学转为多向互动教学。

4. 由人工教学管理方式向智能化教学管理方式转变

运用慕课技术实现由有纸化向无纸化转变、由有人化向少人化或智能化转变。传统的教学资料中的教材、作业等多以纸质的形式呈现，而慕课下的课堂教学更多采用的是电子资料、视频材料、电子书、电子作业、帖子等，甚至考试也在线上进行。这就要求教师适应无纸化现代教学的需要，更新教学技能，利用好线上资源，做好数据统计与分析。

（四）把握慕课发展趋势

1. 政府引导，把握慕课发展大趋势

（1）慕课类型及其发展趋势

从目前来看，慕课主要有两种形式：C 慕课和 X 慕课。C 慕课，“C”代表“连通主义”，认为知识的本质是“网络化的联结”。强调知识的获取“去中心化”以及知识的创造与生成；强调的是同伴学习，其运行于开放资源学习平台。就目前的几大慕课供应商所提供的课程来说都属于 X 慕课，基本上还是传统的课程，即以教师课堂教学为主，只是通过现代的技术方式表达出来。由于 X 慕课简单易行，和传统教学模式相近，加上运营商不惜成本大力推介名校、名师、名课堂，目前发展比较迅猛。而随着先进的网络技术被不断用于高校教育，人们更重视“人”在慕课中的作用（而不仅仅是技术在慕课中的作用），从而将会把 C 慕课推向新的高度。

（2）慕课建设发展趋势

从目前慕课开发的主体看，主要有运营商、高校个体和高校联盟。运营商虽然有较大的资本投入，不遗余力地进行广告推广、技术更新，但必须依靠高校优质的师资进行“原创”，高校虽然有雄厚的智力资源，但往往缺乏资金的投入和技术的指导。鉴于此，就诞生了“校企合作”式的慕课开发和“校校抱团”式慕课联盟。从发展趋势看，这两种慕课开放模式都将有很强的生命力。但需要注意的是“校企合作”式的慕课开放模式，高校要重视知识产权保护及正确处理合作开放中的角色。在“校校抱团”式慕课联盟中，要处理好高校间的权利和义务关系，遵循互通有无、优质共享、凸显特色的原则。

2. 符合校情，稳步推进课堂教学改革

不同的高校有不同的教育使命，要量力而行。一是分类推进慕课建设。通识类选修课及部分专业选修课可以通过慕课形式来完成，或尝试“翻转课堂”等教学方法，但专业核心课程要慎重推行。对于一些简单的知识点应鼓励通过慕课来学习。未来的课堂教学应更多体现知识的探索和师生的互动。二是引进与本土化慕课建设相结合。一方面高校要引进一些名校、名家的慕课资源；另一方面要立足区域联盟开发一些本土化慕课，凸显本校的办学特色。三是借鉴慕课优势，激活现有课堂教学。在普通的课堂中增添一些慕课环节，利用现代化的即时通信工具增强师生互动，把“静”的课堂教学变“动”。

3. 与时俱进，提升教学管理服务水平

传统行政化教学管理要向信息化学习与课程服务体系转变。努力为学生提供最优质的课程和个性化学习服务，为教师提供全方位的课堂教学支持服务。一方面，教学管理部分要充分利用大数据资源为教师提供个体化的“学情”信息，揭示在传统教育的经验模式中无法检测出来的趋势与模式，以便教师洞察学生是如何学习的、学生理解了什么、没有理解什么、是什么原因促使学生获得成功等关键问题，从而使教师能够卓有成效地开展因材施教；

另一方面，充分利用现代信息技术，通过各种学习终端向学生推送选课、空余教室、作业、讨论、考试及相关教学信息，为学生提供快速、简单、直接的各种学习服务，让学生更高效地进行学习。

4. 着重引导，培养学生自主学习能力

虽然慕课落实了学习者的中心地位，拓展了学习方式的时间界限，创设了沉浸式、社交化的学习环境，但慕课自由化的学习方式，对学习者自主性和自我约束力及学习过程的可持续性提出了更高的要求。与此同时，海量的信息来源和知识资源，也容易使学生无所适从。因此，高校必须着力引导学生培养自主学习能力。

五、利用信息技术促进高校慕课教学

慕课的广泛推广离不开信息技术的运用。慕课时代，对高校教师也提出了更高的要求，高校教师需要充分利用信息技术促进慕课教学。对利用信息技术促进高校教育教学的途径提出相应对策。

（一）教师个人制作动画、电子手写板书等新型慕课资源

慕课资源如果全靠院校管理者提供经费请专人制作，那平台的更新和有效应用将得不到保障。慕课视频可利用录屏软件、电子手写板独立完成，费用不高，完全靠个人的发挥，在手写板上完成板书。技术和教学的关系应如何对待早已是人们探讨的话题，手写板书反映了教师的思维，对学生也有更深层的教学效果，将信息化技术的应用深入教学的精髓。此外，动画、电子手写板书完成的慕课资源在同等清晰度下能比课堂实录压缩得更小，有利于在线学习。

（二）将移动学习应用于开放课程资源的应用

目前，青年学生使用大屏幕手机浏览网络资源已经非常普遍，慕课资源

如果不能在移动网络上方便点击观看就失去了生命力。因此，开发时间短、容量小的片段式慕课视频，并适用于手机平台浏览就是目前最紧迫的工作，除了传统的网络课程，微信课程等新生事物也能应用于学生的在线学习。

（三）在试点专业进行慕课的研究

慕课是否适用于所有课程还需要研究，可以首先把部分专业开展自主学习、自我发展教学形式作为研究案例，从采用形式、条件、培养目标、管理形式、评价标准等方面做重点分析，以指导提升学生创新能力为目标进行开放教育资源应用。以国际商贸和模具类专业试点课程学习方法的转型为例，由于国际商贸系所面向的就业范围广泛、模具类学生毕业后转行的比例相对较高，为使专业培养适应工作岗位的条件，根据现在师资条件难以让每个学生得到全面发展机会的现实，每个专业方向通过专业教师管理引导并实施考核，学生自主选择慕课资源进行自主学习。根据部分高质量国外教学资源，访问速度不能保证及语言障碍等问题，学校应帮助解决，搭建良好的自主学习平台，提升学生创新综合能力。试点专业可采用贯穿学程的学分制、专业选修课体系，提供教师自由安排学习模式的可能性。

（四）教师要正确认识教育技术对自身教学的重要性

在慕课大潮的冲击下，随着现代教育技术化程度的不断提高，高校教师只有及时将最新教育技术纳入自身的专业知识体系中，才能胜任新形势下的教学工作，专业化发展道路才会通畅，以慕课为代表的新技术应用并不只是专业教育技术人员的事，而是和广大教师息息相关。

六、慕课资源在高校的利用

嵌入学科服务强调以“为用户”为出发点，将学科信息资源与信息服务融入用户实体空间或虚拟空间，构建一个满足用户个性化信息需求的信息保障环境。结合图书馆的实体空间将慕课嵌入学科服务进行介绍。

（一）实体信息共享空间

如今图书馆的实体信息共享空间发展迅速，包括各种形式的信息环境，如咨询空间、研讨室、学术报告厅、开放交流空间等，有的图书馆还以学科分馆为基础，按学科和专业对图书馆的空间和资源进行整合，为用户提供了更为便利的学科环境。慕课除了视频之外，还有非常重要的交互部分，那就是师生、生生之间的交流，可以借助图书馆的信息共享空间实现面对面的交互，如授课教师与学生之间大规模的异地实时视频讨论，可以在图书馆的学术报告厅进行，课后某一慕课学科学习小组的成员可以借用研讨室进行学习交流。利用信息共享空间，可以支持用户顺利开展慕课线下学习活动，同时学科馆员也可以和用户一起进入空间，提供咨询服务，可以依据课程内容提供纸本、电子的参考资源列表及网络开放获取资源的信息，为用户的学习提供帮助和支持。教师录制慕课课程可以借用图书馆的学术报告厅，获取配备音响、投影等较完备的课程录制环境和工具。

（二）学科服务平台

学科服务平台通常应包括学科知识资源、特色资源、学科信息门户、学科导航、学科咨询、个性化定制、主题服务、知识挖掘等信息，它是图书馆提供学科服务非常重要的窗口。目前，各高校的学科服务平台形式多样，有学科博客、专业的学科服务平台、自建的学科信息网页等，但无论哪种形式都可以将慕课资源嵌入其中，为学科服务的内容拓展一个新形式。可以学习国外高校的方式新建慕课指南（或者慕课指南博客、慕课信息网页等），通过这个指南展示慕课宣传的信息、常见的综合类慕课课程、信息素养知识慕课课程、慕课版权等。学科类的慕课课程、特色多媒体资源、课程参考资源、学科专题信息、素养知识课程等信息嵌入发布到各个学科指南中去，方便用户按照学科获取，利用学科服务平台工具对本学科相关课程信息进行系统的收集、整理，并将学科服务平台上的常用专业资源如电子资源、图书、信息门户等整合，嵌入教师学生的研究和教学。

（三）移动图书馆

目前，国内高校推出的移动图书馆服务已经非常丰富，如手机短信服务、移动图书馆 APP 服务、微信服务、RSS（简易信息聚合）订阅等。移动图书馆服务借助网络技术与移动设备帮助使用者能在任何时间、任何地点获取图书馆的相关资源与服务内容，馆员可以通过移动图书馆将慕课课程服务嵌入教师建设课程与学生学习课程的过程中去。

微信具有的基本功能为基于学科服务的慕课活动嵌入式服务提供了重要途径。基于语音文本交互和群聊的交互功能，可应用于慕课课程协作学习，实现师生与图书馆馆员之间的交互沟通。例如，学科馆员可以通过一对一或者一对多的方式回复某个学科群组里师生的咨询。基于微信公众平台的信息聚合与推送功能，可以开发慕课课程学科参考资源的订阅推送和自动回复响应功能，使师生能够检索和获取学科慕课资源，如推送信息素养知识的微视频。如检索策略的编制、学科数据库的使用技巧、学科开放资源的获取与介绍等主题微视频，或者读者发送微视频的关键字，可通过微信自动响应发送相关主题微视频至读者的手机终端。基于微信公共账户的信息发布功能，发布慕课相关新闻信息。

RSS 个性化需求定制也可以为读者提供订阅推送慕课资源与新闻的服务。图书馆馆员发布信息时可以将慕课资源按照不同学科类别聚合，为读者提供分类查询的途径。读者进入图书馆 RSS 服务页面后，可以看到按学科排列的资源链接地址，读者用鼠标点击需要的慕课信息链接地址，从菜单中选择增加频道，粘贴上复制的信息链接地址即可。图书馆馆员也可以将慕课信息按照主题词和关键词进行聚合，为读者提供主题词和关键词的查询方式。读者进入图书馆 RSS 服务页面，可以按主题词和关键词进行搜索，如检索慕课版权、慕课工具、参考资源、慕课课程等关键词，然后将搜索结果中需要的信息资源链接地址复制粘贴到新建频道中。图书馆可以根据课程的内容设置、学生的在线咨询等提供配套于慕课教学的资料推送、个性化需求定制等服务。

图书馆馆员通过实体信息共享空间、学科服务平台、移动图书馆等途径，根据不同慕课服务的特色，选择合适的途径传播给用户，教师与学生也可以通过这三种途径进行信息互动。

（四）慕课嵌入学科服务的特色

1. 促进学科服务的内容嵌入

学科服务是学科馆员主动深入到教学科研活动中，帮助用户发现和提供更多针对性更强的专业资源。很多情况下传统教学和科研工作的模式使得教师、学生局限于自己的课堂、实验室，与图书馆馆员之间的交互难以深入并持续。通过将慕课资源嵌入学科服务，扩展学科服务的信息来源、信息形式，满足师生浏览学科慕课资源的需求，图书馆馆员有更多的机会将学科内容嵌入教学中去，提高学科资源的利用率。当然，这也要求学科馆员对现有的慕课资源进行搜集、评判选择、重组、分类、标记等工作，并与其他学科资源进行整合。

2. 促进学科服务的过程嵌入

学科服务需要深入了解读者的行为习惯、信息能力及信息需求，根据学科特征，为读者提供主动、个性化的服务。图书馆为慕课教学师生互动、生生互动提供实体空间，使得学科馆员有机会参与教学活动，为教师提供数字化资源的内容支撑，了解教师与学生的实际信息需求，并提供相应的咨询服务，推荐参考文献，帮助学生利用图书馆资源解决慕课课程中遇到的难题。

3. 促进学科馆员专业服务水平

学科馆员在整理慕课资源的同时，对该学科优质的教学内容、学科领域的研究热点、该领域的学术专家等会有更深入的了解，会从一定程度上提升自身的专业服务能力，与教师和学生交流时，能更加了解其信息素养需求、教学需求，以做好辅助研究工作。学科馆员也可以自学一部分学科课程内容，结合图书馆馆员的专业知识，提升工作效率与学科服务能力。将慕课嵌入高校图书馆学科服务，试图找到一个馆员为教师教学和研究提供学科服务的小窗口，为新信息环境下赋予学科服务新活力提供一些思考，当然馆员也将面临更多的挑战，期望进一步通过实践开展相关研究。

七、慕课背景下高校人才的信息素养教育

我国高校慕课的建设步入稳定发展的阶段，而高校人才的信息素养教育仍未受到足够关注与重视，开设学生信息素养系列慕课是大势所趋。

（一）慕课与高校发展

慕课的问世与开放课件、开放教育资源有着密切的关系。可以说，慕课是在开放课件的热潮与开放教育资源运动的背景下出现的。

2000 年，美国麻省理工学院提出“MIT 开放课件计划”，计划把该校所有的课程资料放到互联网上免费利用。2002 年，该开放课件网站建成，该计划的提出与实施，不仅为师生提供了丰富的数字课程资源，向全世界宣传推广了开放课件的理念，而且在全球范围内掀起了开放课件的热潮，进而引发了一场高校教育资源开放与共享运动。

2002 年 7 月，联合国教科文组织在法国巴黎举办“开放课件对发展中国家高校教育的影响”论坛，正式提出了“开放教育资源”这一概念，并对其

内涵进行了界定:“通过信息通信技术为全社会成员提供的、开放的教育资源，这些资源允许被进行非商业用途的咨询、利用和修改”。开放教育的核心是免费和开放共享，并能够在任何时候、任何地方为任何人增加获得教育和知识的机会。从此，ER 运动的浪潮席卷全球，得到国内外许多高校和其他机构的积极响应。

值得一提的是，2003 年 10 月，我国教育部批准成立了中国开放教育资源协会，旨在推进中美两国高校之间密切合作与资源共享，致力于引进国外大学的优秀课件、先进教学技术、教学手段等资源，同时将中国高校的优秀课件与文化精品推向世界，搭建国际教育资源交流与共享的平台。该协会成员包括 12 所著名高校。

成立于 2008 年的开放课件联盟的成员包括来自 52 个国家和地区的 250 多所高校教育机构和相关组织，开放共享了超过 20 种语言的 1 万余门网络课程。该联盟致力于推进开放教育及其对全球教育的影响，力求通过扩大获得教育的机会来解决社会问题。近年来，随着慕课的发展，全世界各大名校纷纷建立了慕课建设平台。

（二）我国慕课发展的整体状况

我国高校在 2013 年开始参与慕课建设。值得关注的是，有 50% 以上的慕课是在本土自主开发的平台上建设的。

我国高校的慕课从无到有、从少到多，步入稳定发展的阶段，并呈现出以下特点：一是我国的慕课主要集中在北京和华东两个地区；二是超过五成的课程均依托本土平台建设；三是慕课建设已经形成规模，发展迅速。

2011 年 11 月 9 日，作为教育部、财政部支持建设的中国高校教育课程资源共享平台，由高校教育出版社承办的“爱课程”网站正式开通，并推出了第一批 20 门“中国大学视频公开课”。2013 年 6 月 26 日，“爱课程”推出首批120门“中国大学资源共享课”。

（三）信息素养慕课建设现状

在对我国慕课建设现状进行调查的基础上，为了解国内外信息素养慕课的开设现状，通过网络调查方法对网站上提供的20多个慕课平台上的1万多门慕课进行调查发现，开设信息素养慕课数量最多的是美国，其次是英国，再次是我国、加拿大、荷兰和爱尔兰。有关数字素养和计算机素养的慕课数量最多，共18门，占50%，这说明数字素养慕课受到了相当的关注。

在美国开设的20多门慕课当中，有4门课程的名称含有“素养”，有关数字素养、计算机素养的有13门，有关科学素养的有3门，有关媒体素养的有2门。开设的机构除了7所高校之外，还有地方政府的教育部门、教育基金会、教育机构和商业机构，类型多样，这些非高校的机构所开设的慕课内容丰富、范围广泛、生动有趣。值得一提的是，由微软公司开设的“数字素养与信息技术技能”为系列课程，共有数字素养、计算机基础、计算机安全与隐私、数字生活方式、信息技术原理、因特网与生产计划、生产计划、因特网与万维网等，包括阿拉伯语和英语的子课程。当前国内外信息素养慕课的建设尚属起步阶段，呈现以下特点：一是欧美经济发达国家的信息素养慕课发展较为迅速；二是高校仍然是开设信息素养慕课的主体；三是内容主要集中在数字素养和计算机素养等领域；四是信息素养慕课数量少，参与机构不多。

（四）高校开设学生信息素养系列慕课

我国信息素质教育始于20世纪80年代，主要采用在全国高校开设“文献检索与利用课程”（全校公共选修课）的形式，对在校学生进行信息素质教育。尽管课程名称比较多，如信息获取与利用、信息检索与网络资源利用、现代信息查询与利用、文献信息检索等，但其课程的核心内容主要围绕文献检索的基础理论和基础知识、各科各类检索工具的基本原理及检索方法、主要数据库的利用、图书馆利用等。在进入信息社会的今天，该课程无论是形式还是内容均已过时，一方面无法适应社会发展和时代进步的需求；另一方面也无法满足学生对信息资源获取与利用及其他信息素养相关知识的需求。

近年来，国外高校纷纷从开设传统的文献检索课改为开设信息素养课程，国内也有些高校紧跟国际潮流，开始开设信息素养课程。在高校开设学生信息素养课程，不仅能够培养学生的信息检索技能图书馆素养、媒体素养、计算机素养、互联网素养、数字素养和研究素养等，而且能够培养学生对现代信息环境的理解能力、应变能力及运用信息的自觉性、预见性和独立性，从而提高综合素质。随着国内外高校开设慕课热潮的到来，开设学生信息素养系列慕课不仅必要，而且已经是大势所趋。高校开设慕课教学意义如下：

第一，慕课的交互性能提升学生信息素养课程的教学效果。与传统的面授课程相比，慕课的形式多样，有大量穿插于慕课视频中的交互式练习。这些练习不仅能帮助学生及时理解并巩固所学的内容，而且能够激发他们的学习兴趣，鼓励和引导学生更加积极地学习与思考，使他们从被动学习转变为主动自主学习，大大提高了学习效果。与此同时，慕课的交互性也有利于进行信息素养课程的模拟检索操作。

第二，慕课的开放性有利于面向全校本科生甚至社会公众开设学生信息素养课程。开放性是慕课区别于以往其他网络课程的最大特点，而这种开放性特别适合开设作为全校公选课的信息素养课程，不仅因为学生都需要信息素养教育，而且因为社会公众也需要信息素养教育。因此，信息素养课程应该以慕课的形式同时面向在校学生和社会公众免费开放，使得更多的人有机会获得信息素养教育，提升自身的信息素养和综合素质。

第三，慕课的灵活性非常适合学生信息素养课程的模块化教学。由于学生有不同的学科专业，不同的学科专业对信息素养教育的需求各异，因此可分为人文社科、自然科学、理工、医学等四个模块，才能满足各个学科门类的需要。与此同时，还可以开发类似“插件和游戏”的模块方便教师随时嵌入慕课当中，充分利用慕课的灵活性开展教学。

第四，慕课的互动性为信息素养课程中需要的多方互动与交流提供了有利条件。依托网络社区和社交网络进行互动交流是慕课的优势之一，它不仅可以开展学生与老师之间的互动交流，而且也可以进行学生之间的互动交流。学生可以围绕老师提出的问题进行交流和讨论，也可以开展基于网络社区学生群体的“同学互评”，增强了学生的参与感，也促进了学生之间的相互学习。

八、慕课在高校教育教学中的应用

慕课在教学理念、教学设计、教学模式、教学评价等方面都有独特的优势，并将改变高校的教学机制。

（一）慕课资源的优势对传统教学的镜鉴

1. 教学理念——“自主学习”对“接受学习”

现行的高校教育教学理念是“接受学习”，教师是教学的绝对主体，他们是知识的拥有者，以“传递高深学问”为己任，将教材上的知识及自身所拥有的知识以自己最擅长的方式教给学生，“教”完全支配“学”。而慕课的教学理念是“自主学习”。它将学习的主动权交给学生，允许学生根据自身知识、能力水平自主选择学习内容，自行把握学习进度，自主选择学习环境。一门慕课课程通常会持续几周至十几周，每周一次课，每次课一般几个小时，以事先录好的视频形式呈现。每次课程的视频又经过事先处理被划分为若干时长在 10 分钟左右的知识单元。这种设计的目的就是允许学生在学习过程中，根据自身的实际需要，自定学习步调，不必受传统教学的限制；允许学生根据自己的兴趣爱好选择学习自己感兴趣的内容；在学习环境方面，学生也可以自由选择在宿舍、教室、家庭等不同场所进行学习；在学习工具方面，学生可以选择台式电脑、笔记本电脑、手机等不同设备。由此可以看出，慕课所主张的是一种自觉、自愿、自立、自为、自律的学习，体现了“自主”的本质特征。

2. 教学设计——“技术性、便捷性”对“工具性、烦琐性”

慕课的教学设计是技术性和便捷性的统一。以大规模开放在线课堂平台为例，其课程的教学设计包括两大阶段：前期阶段和核心阶段。前期阶段主要是对学习者需要、教学目标和教学内容进行分析。首先，根据学习者的职业、学习背景对其学习需求进行分析；其次，根据不同类型学习者的需要，确定不同类型的教学目标；最后，根据对学习者需要和教学目标的分析，确定教学内容，并将其科学地划分为若干个相对完整且相互关联的知识点。核心阶段则是对学习资源、教学活动、学习评价和学习支持的设计。对学习资源的设计主要就是对教学视频的设计，它包括对教学视频的制作、视频内容的设计等方面；对教学活动的设计主要是对学习者个体活动、生生互动、师生互动的设计；对学习者个体活动的设计就是根据学习者的兴趣合理设置小测验或试题库，对生生互动的设计是根据合作学习原理合理设置小组互评等形式的活动；对师生互动的设计则是以注重交互性为前提，设计线上师生问答互动、线下博客、微信互动讨论等；对学习评价的设计就是根据学习者需要、教学目标和教学内容对相关内容的测验、作业及试题的设计；对学习支持的设计就是对学习资源、教学活动、学习评价等工作提供相应的技术支持。

3. 教学模式——“以学为本”对“以授为本”

传统课堂教学模式是“以授为本”，这体现了教师对整个课堂教学活动的绝对控制。也就是说，教什么、怎么教和教多久都由教师决定，较少考虑学生自身的需要和想法，学生只能被动地接受。而慕课是将众多优质课程资源置于专门的网络课程平台，供学生根据自身的兴趣、爱好和需要自主选学。其规模之大、时空范围之广、开放程度之高是传统课堂教学无法比拟的，其核心就是强调“学”，体现了“以学为本”的特点。这种从“以授为本”到“以学为本”的转变，归根到底是由慕课自身的特点决定的。首先，慕课的大规模和开放性为学生的自主选学提供了可能，而慕课简便的操作方式、低廉的学习成本使得这种可能变成了现实。其次，慕课的可重复性为学生正式学习之后的温故知新创造了便利条件，学生可根据自身情况重复学习其认为重要的或必须掌握的内容。最后，慕课重视学生自身的体验和师生、生生之间的互动，有助于巩固学生的自主学习成果。体验是一种静态的自主学习，它突出的是学生对学习内容的独立认知和感悟；而互动是一种动态的自主学习，它突出的是学生对学习内容的相互交流和碰撞。可以说，慕课是学生对学习内容的认知、感悟、交流和碰撞等的集合。因此，慕课的设计必须突出“以学为本”。

4. 教学评价——“重在评学”对“重在评教”

高校现行的教学评价主要是对教师教学过程及结果的评价，对教学过程的评价重在对教师授课过程的评价，而对教学结果的评价则重在对教师授课结果的评价。概括地讲，现行教学评价重在评“教”。然而，教学是由“教”与“学”两方面组成的，只评“教”就容易忽视“学”，也就无法真实、全面地反映实际的教学状况。事实上，检验教学效果好坏的标准只有“学”。因此，如何科学合理、切实有效地检验学生的学习效果是开展教学评价的根本。而慕课正是从这一根本出发设计的。

（二）慕课资源融入高校教育教学机制

1. 采用混合式教学模式，改善教学资源

教师可以借助慕课平台获取备课所需各种资料，无须再受场所限制；学生可以在任何一台互联网电脑上以在线注册的方式学习这些课程，享受全球教学资源，无须再受几百人共同上课的困扰，也不必再担心不能正常上实验课等问题。因此，将慕课融入传统教学，可以切实改善高校资源短缺的现状。具体做法是：课程开始前，教师将所授课程内容按课时划分后，上传至慕课平台，并给学生详细安排每节课的自学任务。然后，学生在每节课开始前自学慕课平台上的相关内容，并完成习题和小测验。在学生自学期间，教师每周组织一次线下讨论课，安排学生针对自学过程中的疑难问题开展小组讨论；之后，教师再针对课程中的重点内容提出若干问题，由学生回答，并进行点评讲授。在这个过程中，教师只是一个引导者，在适当时候负责牵线，大多数时间都是学生发言。这种“自学、讨论、讲授”的混合式教学，是慕课资源嵌入高校教育教学较为理性的模式。

2. 实施“双师教学”项目，提升教师专业化水平

在慕课平台上，教师资源非常充足，且不乏世界知名高校的优秀教师，每一门课程均由 1 ~ 2 名优秀教师主讲，有的课程还配有 2 ~ 3 名负责线上课程测评及论坛区工作的课程助教和论坛助教。如此充足的教师资源是传统教学无法比拟的。慕课平台上的每一门课程，都可以供成百上千，乃至几万、几十万学生共同选择学习。因此，可以引入慕课平台上的优秀教师资源；对于一些慕课平台和高校共有的课程，高校可以尝试让全校学习同一门课程的学生在规定的时间内，在慕课平台上按要求自学该门课程的主要内容，并完成课程测评及讨论。之后由本校教师集中时间开展辅助教学，主要针对学生在慕课学习各环节中所遇到的问题进行及时解答。这样就形成了集高校与慕课平台教师资源于一体的“双师教学”。在慕课平台上，一方面学生可以在规定时间内完成课程的学习；另一方面教师也可以从优秀教师身上学到很多平时无法学到的知识、授课技能与方法等。由此可以看出，这种“双师教学”

既是一种新型的远程教育教学模式，又是一种可行的教师资源共享途径，还是一种便捷的师资培训方式，可以使更多高校共享优质教师资源，从而促进其教学质量的提高，提升教师专业化水平。

3. 拓宽信息来源渠道，开阔师生视野

借助慕课平台，高校师生不需要进图书馆就可以学到丰富的知识；可以了解到国内外学术团队运作的基本情况，通过线上交流使线下学术合作成为可能；可以把握相关学科最新的研究进展和发展动态，还可以接触国内外先进的教育理念和教学方式。世界知名慕课平台之一的大规模开放在线课堂平台，目前拥有来自世界各地的10多万名学习者，可以在全世界任何地方学习哈佛大学的“古希腊英雄”、加利福尼亚大学的“幸福科学”、芝加哥大学的“城市教育中的关键问题”、北京大学的“化学与社会”、清华大学的“中国建筑史”等来自世界100多所名校的300多门课程，这些课程充分体现了相关领域最先进的思想观念、最丰富的研究手段、最多样的研究范式。因此，高校可以借助“双师教学”的运行方式有效利用慕课提供的信息，丰富课堂教学内容，拓宽信息来源渠道，开阔师生视野。

4. 加强师生对外交流，提升高校国际化水平

慕课的到来，给高校的对外交流也提供了极大的便利。教师不出校门就可以与国内外名校名师在线进行学术及思想的交流；学生借助电脑和网络，也能够与名校名师进行线上或线下的讨论交流。许多慕课课程都有极其富有生气的讨论区，国内外不同学校同一学科的教师之间可以针对所教内容中的重点、难点及最新研究动态进行线上交流；数以千计选择同一门课程的学生以他们特有的方式与教师、同学开展交流，如微博、微信等通信工具。通过不同形式的交流，达到共享学习内容、分享学习收获、共同感受学习乐趣的目的。高校可以以慕课平台作为拓展师生对外交流的起点，通过线上多次交

流为线下交流奠定基础，使对外交流从线上最终延伸到线下。因此，高校可以借助慕课平台增强广大教师对外交流的意识，调动其积极性，并以慕课为中介，为广大教师提供线下的对外交流机会，不断开放线下对外交流渠道，最终提升其国际化水平和竞争力。

第四节　高校教育教学创新之微课

微课的兴起为课堂教学的革新提供了一条有效的途径，也对提升教育公平和质量、共享优秀的教育资源、满足学生的个性化需求、实现随时随地的学习提供了有力的保障。翻转课堂正是建立在微课的基础上对传统教学方式的一次变革。

一、高校微课教学模式

（一）翻转课堂

根据教育心理学相关的研究成果及翻转课堂教学的实践，提出一个翻转课堂教学法，作为教师在教学中应用翻转课堂一个可依据、可操作的模式。实施翻转课堂的几个必要环节：教学目标、课前准备、教学视频、视频回顾、知识测试、活动探究及总结提升。教师可以根据这几个步骤具体实施翻转课堂教学。下面对翻转课堂教学法做出具体的阐述。

1. 确定教学目标

为了帮助教师更容易地区分教学目标的种类，结合已有关于教育目标分类的理论以及翻转课堂教学模式的特点，我们认为大致可以把教学目标分为两大类：知识性目标和能力性目标。知识性目标属于初级目标，主要包括对知识的记忆和理解。能力性目标则属于高级目标，包括布卢姆教育目标分类中的应用、分析、评价、创造等高级认知目标及情感态度、价值观、批判思维、自我认识、学会学习、沟通合作等能力和素养。需要特别指出的是，这里的能力性目标除了包括通常意义上的能力（如应用能力、分析能力、沟通能力），还包括情感、品格、态度等内容，称其为素养性目标可能更为合适。但是这里为了方便教师的理解和操作，并与知识性目标相对应，我们统一把这些素养称为能力性目标。知识性目标是最基础的教育目标，脱离了知识性目标，能力的培养就失去了基础。但只满足于知识性目标是远远不够的，教师需要在知识性目标的基础上进一步发展学生各方面的能力和素质，才能培养出符合社会和时代发展要求的人才。

把教学目标分为知识性和能力性目标两大类。有学者把教学目标分为直接目标和间接目标两种，直接教学目标是指学习的内容性知识，比如化学反应率、经济学的供应和需求；间接教学目标是指学生通过学习内容性知识能够发展的能力，比如通过实验计算某种化学反应的反应率，或者能够使用供需的同时变化来解释某种商品市场价格的变化。这种分类的直接教学目标类似我们的知识性目标，而间接教学目标则类似能力性目标。

把教学目标分为知识性目标和能力性目标两大类，可以帮助教师比较直观地分析教学目标并应用于教学设计之中。对教学目标的分类是跨学科和年级的，我们认为对于任何学科和层次的教学，都可以分为知识性和能力性这两类目标，教师要根据具体教学实际设计这两类目标，以保障教学的有效实施。知识性和能力性目标的分类还符合翻转课堂教学模式的特点。总的来说，翻转课堂的课前、线上、课外自学部分主要是围绕着知识性目标展开的。而翻转课堂的课中、线下、课内集体学习部分则主要是围绕着能力性目标展开的，因此明确两类教学目标对于后面开展翻转课堂各环节的教学具有统领作用。

应该认识到的是，对教师的工作和价值来说，知识性的教学是相对比较容易被代替的，或者说不是教师的主要价值所在。今天信息社会区别于以往社会的一个重要特征就在于知识的获取十分便捷，教师不再是知识的唯一来源，甚至也将不是主要来源。当前网络上具有各种丰富的资源、搜索引擎，甚至包括慕课等各种优质教育资源，都可以成为学生获取知识的重要来源。可以说，每位高校教师在学校所教的课程，基本上都可以在网络上找到相应的慕课资源。而且这些慕课课程都是名校的名教授精心制作的课程。从知识的角度，这些慕课和知名教授是学科知识的代表，比大多数教师更具权威性、系统性及准确性，完全可以取代教师成为学生获取知识的途径。未来随着人工智能技术的发展，人类在知识教学上的优势就更加荡然无存了，人工智能完全可能成为一个比人类更好的教知识的老师，这是大势所趋。

相对于知识性的教学目标来说，能力性的教学目标是人类教师的独特优势。能动性目标涉及人类情感、创造力、沟通、合作这些人类所特有的品质，是人工智能所不具备的。因此，未来教师的主要工作和价值应该体现在对学生能力性目标的培养上。

明确教学目标是成功实施翻转课堂教学的首要环节和先决条件。翻转课堂教学不满足于只是完成知识性的目标，而是更加注重能力性目标。知识性目标基本上可以通过视频让学生在课前自学完成，实体课堂则主要被用来发展学生的能力。

2. 课前准备活动

课前准备活动主要有以下两种作用：

第一，提高学生学习的兴趣和目的性。认知目标是形成学生学习动机的一个关键因素，个体只有对未来的学习目标产生期待时，才会发生有意义的学习。研究表明，学习的过程往往是从整体到部分的过程，学生了解了学习的总体目标之后，再进行分解学习的时候就会更有方向性和目的性，学习效果也会更好。在实际教学中，教师要通过课前准备活动先让学生明确学习目的，使其对未来的学习结果产生一种积极的期待。如果教师通过课前导入活动，在正式教学之前告诉学生本次学习的目的和作用，那么就能够激发起学生学习的兴趣，并让他们的学习具有指向性。

第二，课前准备能为之后的视频学习打下良好的基础。在教学形式的顺序上，翻转课堂和传统课堂是一样，都是先讲后练的顺序，并没有进行翻转。教师的讲授是需要一定的时机、条件或基础的，讲授要发挥作用需要学生具备一定的先前知识，学生在努力思考、探索、挣扎过某个问题或情境之后能更好地理解讲授的内容。虽然学生在接受讲授之前进行的问题解决和探索可能是不成功、不正确的，但是这种尝试有利于图式编码和整合，能够帮助学生认识到自身先前知识的不足，还能通过对比正误解法来让学生注意到学习的关键特征，从而为之后接受教师系统地讲授打下必要的知识基础。

那么，什么样的活动能够帮助学生形成必要的先前知识，为下一步接受讲授打好基础呢？国外学者建议可以通过让学生对比相关概念或原理的多重样例，来帮助学生注意并理解样例之间的区别，发现知识的结构性特征，从而发展出辨别性知识。这些辨别性知识是理解之后系统讲授的重要基础。还有学者提出有益性挫败理论，建议在直接讲授之前让学生先进行探索性的问题解决，让学生使用已有知识探索问题的解法，有助于图式建构，投入更多的认知资源，发现不平衡并意识到自身先前知识的有限性。学生还可以通过对比不同解法的异同，来发现新知识的关键特征并更好地进行编码。我们基于变易理论的研究成果发现，对比学习对象的多重样例能够帮助学生审辨出学习的关键特征，这些审辨出来的关键特征为之后的系统讲授奠定了基础。我们还进一步提出对比、分离、类化、融合四种变与不变的范式用来指导多重样例的设计。多重样例之间应该变化一个关键特征，让学生首先单独审辨出这个变化的特征。在学生单独审辨出多个特征之后，再让学生对比同时变化多个关键特征的多重样例。

在学生正式学习教学视频之前，先通过相关的探究活动让学生进行适当的学习和探索，激发起学生的学习兴趣，并准备好必要的先前知识。课前准备活动可以让学生带着兴趣和疑问进入视频的学习，将能够显著改善视频教学的效果。

3. 课前教学视频

在完成课前准备活动之后，学生需要在课前自学教学视频。翻转课堂的教学视频可以教师自己录制，也可以使用他人录制的视频。教学视频形式可以多样，内容主要反映的是教师在传统课堂中的讲授部分，视频学习部分主要对应的是前面制定的知识性的教学目标。

目标的实现并不需要在实体课堂中接受教师的实时现场指导，或者与同伴进行互动合作。高校学生通过自学教学视频就可以在很大程度上完成对知识的记忆和理解。此外，在这个环节还可以充分利用信息技术和多媒体的优势，让整个知识的教学过程更加有趣、生动、高效。从知识性的目标来说，一个制作良好的教学视频或者在线课程，其教学效果可以达到甚至超过教师在实体课堂的讲授。即使是一个质量一般的教学视频也能在很大程度上完成知识的记忆和理解目标。

4. 课堂视频回顾

学生完成线上视频学习之后，就进入线下实体课堂进行学习。通过教学视频，翻转课堂把知识的学习移到课外，大量的课堂时间可以被用来进行问题解决、合作探究等活动。有些教师可能会在线下上课的时候，马上给学生呈现的问题进行解答或布置活动进行探究。但是根据我们的实际教学经验，我们建议在实际开展课堂活动之前，教师应该首先简要回顾一下课前教学视频的内容。这是因为一开始上课就直接让学生回答问题，会显得比较突兀，学生也会难以适应，难以营造良好的课堂氛围。有研究表明，学生在上课之初往往需要 3 ~ 5 分钟才能静下心来，短暂的过渡之后精神才会非常集中，注意力才会高度专注。此外，学生虽然已经在课前完成对视频的学习，但是视频学习时间距离上课已经过去几天时间，学生一时可能难以迅速回想起视频的内容，尚未从心理上完全做好准备，这时候马上做题、考试，会引起学生心理上的抵触。线下课堂首先起始于对课前视频的知识回顾，视频回顾不是对视频知识的重新讲解和详细分析，而是提纲挈领地帮助学生回顾内容，把握知识结构。学生课前如果没有学习视频，仅仅是通过短时间的视频回顾是无法完全掌握知识的；如果课前已经完成视频学习，视频回顾则可以帮助他们迅速唤醒记忆，把思维集中到课堂的主题上，为课堂之后进行的问题解决和探究活动打好认知基础。

5. 课堂知识测试

教师带领学生回顾完视频之后，就进入课堂知识测试部分。翻转课堂的先驱人物最早使用翻转课堂进行教学改革的时候，就是在课堂上让学生在教师的监督和指导下完成家庭作业的。教师通过作业考查学生课前视频的学习和掌握情况，然后针对学生在做作业中出现的问题进行指导和讲解。测试就是教师通过提前设计好的问题来考查学生课前对视频内容的学习效果，主要还是针对知识性的教学目标。课堂知识测试环节有以下两个目的：

第一，检查学生课前是否观看了视频。很多教师在实施翻转课堂的时候，都会担心学生课前没有提前观看视频，导致无法有效参与课堂活动。因此，为了检查学生课前是否观看了视频，教师上课时可以设计一些比较简单的题目，考查事实性信息。学生如果在课前提前观看了视频一般都能正确回答，如果没有提前观看视频则无法正确回答。通过这部分问题，教师可以发现那些没有提前观看视频的学生。学生只要观看了视频，就可以正确回答题目。回答错误的学生，基本上可以认为是没有提前观看视频。

第二，课堂知识测试的目的是检查学生课前是否看懂了视频。课堂测试的主要目的是检测课前视频的学习效果，虽然我们预期学生通过自学教学视频能够完成大部分的知识性目标，但需要承认，学生只是学习视频可能还无法完全掌握一些教学难点。因此，教师需要在课堂上有针对性地设计一些比较难的问题，用来检测学生是否真正掌握了该教学难点。教师可以根据学生对问题解决的情况，决定怎样进行相应的讲解。如果大部分学生的回答正确，教师可以略过不讲；如果很多学生的回答错误，则表明课前视频的教学效果不好，教师就需要仔细分析学生的错误，并进行有针对性的讲解，学生课堂问题的回答情况将被计入课程总分。

在这个环节中，教师需要及时掌握学生问题的回答情况，才能决定是否进行指导、指导什么、指导多少、怎样指导。教师可以利用一些信息化互动工具来实现这一点，这些工具可以帮助师生实现课堂测试的即时互动和反馈，提高教学效果。

6. 课堂活动探究

课堂测试之后，就进入课堂活动探究环节，教师需要设计相关的课堂教学活动以完成前面制定的能力性的教学目标。大量的课堂时间可以用来互动、探究、问题解决和个别化指导，进行高水平的认知活动（应用、分析、评价和创造）。如何有效利用这些上课时间创设有意义的学习活动，让学生在深层参与课堂学习中，就成为翻转课堂能否有效实施的关键。

教师要根据具体的教学目标，综合使用问题解决、合作、辩论、汇报、角色扮演、实地考察等多种形式设计课堂活动。教师在设计课堂活动的时候要注意与基于问题的学习、基于项目的学习、基于游戏的学习、同伴教学案例教学等比较成熟的学习模式结合起来。这几种教学模式都强调以学生为中心进行合作、探究、互动，因此可以与翻转课堂做到无缝对接。在使用这些模式的时候，教师要注意具体的操作原则和使用方法，使得活动向深层次探究，从而有效地实现教学目标。这需要一个借鉴、学习、实践、反思、改进和提高的过程。

除了应用一些成熟有效的教学模式和方法设计课堂活动，教师还应该帮助学生改变学习的观念和习惯。教师需要为学生搭建脚手架，教给学生讨论和合作学习的技巧，有效支持学生进行学习。学生需要学会如何准确地表达自己的观点、倾听他人的思想、回答问题或辩驳他人的观点。在自主学习方面，教师应该在学期初就告诉学生为什么改变学习模式、怎么样改变学习模式，向学生分享好的案例，设计适合自学的任务单，提供多样化的自学资源，利用网络实现学生之间的问答互动，要求学生依照任务完成单自我核对和评价自学成果，给自主学习环节合理的课程分数，上课开始时进行一个小的阅读测验等。

教师应该加强教学法的学习，尤其是对这些比较成熟的教学模式和方法的学习和应用，这将成为教师一项必备的能力。随着未来技术的发展，教学的知识性目标基本上可以被技术取代，教师将真正成为学生“灵魂的工程师”。未来优秀的教师将是会用、善用技术者，把技术能够完成的任务交给技术，自己则通过组织教学活动培养学生的能力，在人类擅长的合作、情感、沟通等领域发挥重要作用。

7. 课堂总结提升

在完成课堂测试和活动探究之后，教师需要对整个教学过程和内容进行总结，提升学生的学习和认识。学生从最初的课前准备活动，然后学习各种教学视频，再到课堂回答问题，进行活动探究，整个学习内容丰富、时间较长，对很多学生来说，可能无法完全把握住重点。因此，教师最后需要进行适当的总结、归纳和提升，帮助学生提炼出最核心的学习内容，以形成完整的认识。此外，教师也可以利用课堂最后的时间开始下一个教学循环，进行下一次课的课前准备和导入活动，引起学生的学习兴趣，或者布置课前探究活动，为下一次的视频学习做好准备。至此，整个翻转课堂教学的闭环形成。

翻转课堂教学模式从教学目标的确定，到课前准备活动、课前教学视频、课堂视频回顾、课堂知识测试、课堂活动探究、课堂总结提升，包括课前课中课后、线上线下、课内课外、知识能力不同维度。该模式为教师在教学中实施翻转课堂教学提供了实际可行的指导，可操作性强。而且每个环节都有相应的教学心理学的研究成果作为支撑，合理性高。

（二）知识微课

知识微课是指以通用知识技能为主，每节微课围绕一个知识点展开的微课形式。知识微课又分为知识类面授微课和知识类电子微课两种模式。

知识微课主要用来传授通用原理、方法、工具等，是学生需要掌握的基础知识和基础技能的应用。这些知识需要学习者自己根据实际的场景进行转化和应用。知识微课开发者需要系统化的理论知识和丰富的教学设计能力，因此更适合教授、咨询顾问、培训讲师来开发。

（三）情境微课

情境微课是指根据特定的环境、任务、场景展开的微课教学活动。情境微课分为情境类电子微课和情境类面授微课。

1. 情境微课的价值

第一，情境微课是针对具体工作场景，尤其是挑战性场景和痛点场景开发的。这些场景能够与企业业务改善需求快速对接，也符合学习者改善工作方法和提升绩效的需要。

第二，萃取教授头脑内的隐性知识转变成组织经验并快速复制推广，是高校教育教学的一种重要手段。情境微课开发提供了这样一种载体，通过聚焦特定情境和问题，借助教授丰富的实战经验及反思总结，萃取高价值的知识，并通过课程实现转移。

第三，情境微课来自实际工作典型情境，与学习者遇到的问题和挑战一致，学习内容非常容易应用到实际工作中。

第四，情境微课需要多个教授结合实战经验进行深入讨论，萃取关键知识、梳理方法论、挖掘典型案例，这个过程同样是教授能力升华的过程；同时，课程设计或课程面授也提高了专家辅导能力，使具有丰富实践经验的教授成为实践＋理论＋传承三位一体的教授。

2. 应用领域

情境微课主要用来传授特定任务，在场景中需要的整合性知识、技巧，学习者可以直接模仿和借鉴，容易转化和应用。这就要求情境微课开发者有丰富的实践经验，能结合特定情境中的挑战点、痛点、难点提炼出有针对性的知识，因此适合有专业知识的教授开发。

3. 情境微课的开发模式

在情境微课开发过程中，企业一般会采取两种模式：

第一，个人经验分享式。常见模式是专家案例分享课程，这种模式简单且易于操作。通常结合自身的典型案例进行个人复盘，总结经验教训或方法窍门后，利用简单课件工具就可以制作完成。通过鼓励教师和更多人分享，经过简单制作就可以获得大量微课。尽管质量参差不齐，但是可以通过评价、点赞等机制，筛选出一批有水准的课程，然后进行深度萃取。

第二，组织经验萃取式。常见模式是组织一批教授或教师通过头脑风暴、焦点小组等多种形式对组织经验进行深度萃取，最终形成可以复制的策略、方法、工具、诀窍等，同时输出具有典范和对比效应的正反案例。

二、微课的开发制作

（一）微课的开发制作过程

微课的制作过程是一个较为复杂的系统工程，一般要经过前期的可行性分析、分析知识单元、确定序列结构、设计教学内容、设计教学交互、脚本编写、视频开发与制作、微课实施设计、反馈与优化等几个基本环节。

1. 可行性分析

微课的可行性研究是对微课开发进行技术性、科学性和实用性的论证。其基本任务是通过调查研究，综合论证一节微课在教学上是否实用和可靠，在学生学习上是否有需求，在经济上是否合理（制作成本和利用率），在开发过程中是否有技术和人才的保证。微课的可行性研究主要考查点有以下几个方面：

（1）微课开发在课程中的必要性

微课开发者需要对课程有全面的掌控，包括微课开发的内容和可利用性。合理确定哪些知识点必须开发微课，哪些知识点不宜开发微课。应选择有代表性、普遍性及关键知识作为微课的开发对象。

（2）微课对学习者的作用

分析学生的思维和认知特点，回答为什么该知识点会成为学生学习的难点或重点，分析微课表现什么内容和采用什么形式更能适合学生的微学习方式。

（3）微课开发的人才和技术保证

微课主要格式有视频、动画和音频。对于视频制作，需要有视频拍摄和后期制作。对于音频，需要音频制作和素材整合。因此，微课开发需要有掌握一定视音频制作技术的人才。

（4）微课的后期利用率预期

可行性研究还要考虑后期的利用率，要分析学生对该知识点的学习是否有较大的需求，明确需求量不大的知识点不适合制作微课。要考虑开发后微课是否具有较高的使用访问量，在课程教学中的地位是否举足轻重。要根据以往的教学经验给出预期的利用率，也可以通过网上问卷形式得出结论。

（5）微课开发的成本分析

微课开发的成本主要有脚本编写、视频拍摄、视频制作、3D 制作、字幕制作、配音配乐等。但是，微课一般不使用高分辨率的视频格式，其目的是方便网络传输。所以，对计算机等硬件要求不高，主要是软件技术的制作成本和人工费。

2. 分析知识单元

知识单元是每节微课向学生展示的知识内容，分析知识单元是微课程设计的首要任务。知识单元的设计要符合教学目标，所以分析知识单元分为两个过程：分析教学目标和建立知识单元。

（1）分析教学目标

微课程的教学目标有两个层级：一般性目标和一般性目标指导下的详细目标。

一般目标分为三个维度：认知目标、情感目标、技能目标，以这三个维度为指导性目标，用于指导微课程类型。微课程可以按照目标的不同维度，分为认知型微课程、情感型微课程、技能型微课程。

（2）建立知识单元

建立知识单元包括两方面的含义：一是要梳理目标和知识单元之间的关

系。知识单元的微小和单一的特点，决定了知识单元所能承载的目标不能太多、太复杂。二是我们通过分析教学目标，将教学目标组织成知识单元目标，其中不仅要有知识单元体量、难度上的考虑，也要考虑到是否需要设置成独立的知识单元，是否需要补充额外的知识单元。如果微课程作为课堂教学的辅助性资源，则不必每个知识单元都设计成微课。如果微课作为开放的课程补充，则要按需求增加大纲以外的内容。由此可见，从课程目标到微课程知识单元的过渡，同样需要按需设计和筛选同时，设计知识单元也需要坚持一定的理念。教材中的单元之间有很强的逻辑性和连续性，单元之间层层推进。但微课程里的知识单元不同于教材的单元，具有体量小、相对独立、半结构化、开放性、生成性的特点。相对独立的特点使微课程中的每一节课都可以被单独拿来学习，用以深化或拓展学生某一方面的知识、能力或情感。半结构化可以让微课更加灵活地适应教学内容，类型丰富多样。开放性让微课作为相对独立的单元，可以通过适当的接口，与其他微课形成或纵向或横向的联系。生成性则让微课不断优化、更新或维护，以适应日新月异的新知识环境。

3. 确立序列结构

将知识单元分析出来后，需要组织成一定的序列结构。此处的结构化与微课程的半结构化所指不同，并不矛盾。微课程内部半结构化是指媒介微课程的结构，知识单元间的结构化能够更好地与教材知识体系相结合，让微课程更系统地为课程教学提供服务。同时确立序列结构时也要尽量保持完整性和灵活性相结合。完整性使得微课程具有完整的培养体系，能够照顾到大多数的学生，能够让普通学生通过连续学习，完成教学目标的要求。同时，灵活性也兼顾学生的个性化差异，在“完成微课程学习即达到相同水平”的前提下，让不同能力背景的学生可以有选择性、有主次地学习。

一般依托教材开发微课程，知识单元的串行化比较简单。在分析出知识单元后，按照教材目标体系即可确立知识单元的序列结构。串行化过程可以自上向下逐步细化，从抽象到具体形成学习目标树，目标树的最底层枝叶为拥有具体目标的知识单元。

一些微课程整体或局部针对的教学内容并非教材内容，内容中各知识单元之间的关系复杂、凌乱或不清晰。当分析的各级教学目标不具有简单的分类学特征，或者其中的概念从属关系不太明确，也不属于某个操作过程或某个问题求解过程时，使用ISM解释结构模型分析法比较合适，包括以下几个操作步骤：抽取知识元素，确定教学子目标；确定各个子目标之间的直接关系，做出邻接矩阵；利用邻接矩阵求出教学目标形成关系图；利用关系图拆分成关系树；对关系树进行后续整理并取消重复项，以此来生成目标序列。求出的关系图即可以用来完成知识单元串行化。

4. 设计教学内容

设计教学内容主要包括课本内容设计、辅助内容设计，目的是形成微课程资源包。从教材分析中得到的知识单元内容，是单节微课的主题。教材内容的主要呈现方式是微视频，微视频依据不同的微课程类型，也会有一些不同的特点。

（1）主题设计

首先，微视频要依照知识单元的内容设计重难点。因为知识单元本身就是粒度比较小的知识点。一般情况下，一个知识单元只包含1～2个重难点。其次，对于以知识掌握为主题的认知型微课程，微视频的重点就在于理解基本概念、基本原理，难点就在于对复杂概念和原理的掌握。以情感、态度和价值观培养为主题的情感型微课程，微视频应以学生情感体验为主，主题应该是与生活结合紧密的案例。通过对案例的展示和讲解，体现出教师对案例本身的情绪、态度、价值判断、理性思考，从而将价值观传达给学习者。技能型微课程的主题是展示技术动作、技术流程、操作标准、操作判断、应急处理等技能。例如，体操教学中的分动作讲解、实验课的操作流程和注意事项、防火防震技巧讲解等。一节微课程不会只包含一种维度的培养目标，可能包含两种或三种维度，我们称为混合型微课。这种微课的主题设计，先要分清培养目标的主次；再依据主次，对微课进行灵活的混合式设计。

（2）过程设计

微视频是课堂教学的浓缩再现，其过程简洁而完整，整体时间约为 10 分钟，最长不宜超过 15 分钟。在这短短的时间内，要完成课题引入、内容讲解、总结收尾等环节，必须要求节奏适宜、不拖泥带水。

第一，快速引入课题。迅速地接入主题内容，给学习者搭建环境或脚手架，可以更好地开展课程学习。课程可以以开门见山的方式，或者从一个有趣故事、一道问题求解、一段悬念入手，让学习者迅速产生兴趣，了解本课程所授知识点的内容。微课导引部分要求切入主题的方式力求新颖和引人注目，此部分时间不宜过长，半分钟到一分半钟之间即可。

第二，内容讲解主干清晰，理论简而精。引入部分之后便是内容讲解，依照知识单元的内容要求、课程培养目标、微课类型特点展开主题讲解。讲解时主线要明确，主干突出且逻辑严谨，学习者不产生新的疑问。去掉可有可无的举例、证明，案例尽量精且简，力求论据准确和有力。内容主干的讲解形式应该多样，依据课程知识点的特点，可以用问题启发式、案例讲解式、故事隐喻、正反对比等技巧，在短短几分钟的讲解中，吸引学生保持注意力。

第三，总结收尾快捷。总结作为内容讲解后迅速开展的一项重要工作，可以帮助学生梳理脉络、查缺补漏、加深记忆，也给学生一定的时间吸收新知识，与已有的知识经验相结合。好的总结往往一针见血、富有特色、简洁新颖，在课程中起到画龙点睛的功效。

第四，提供测试题和布置作业。总结后提供经典例题的讲解，抽象的理论需要实践经验的基础。这一部分，可以让学生在解决问题的过程中，将内容讲解和总结过程中不能完全消化的部分再次加工和认知。这部分是否存在或具体比重，可以根据实际情况而定。教师可以通过布置作业，让学生课下练习。利用云端一体化平台，师生的作业检查、讲解、答疑等过程均可以延续。

（3）教学语言设计

在微视频的拍摄过程中，由于节奏较快，教师往往不能很好地控制讲解时间，所以提前设计好解说词、讲解结构就尤其必要。教学语言力求简洁、明确，富有感染力，最好多用手势、表情。对于重点和难点内容，将关键词提取出来，在实际讲解中要紧密联系关键词逐条展开。

在认知型微课程的教学中，教学语言要注重对关键词、关键原理的复述。依照认知心理学原理，短时记忆经过精细复述可以转化为比较牢靠的长时记忆。在情感型微课程的教学中，要注意用词恰当，将语言的情感与课程情感态度培养方向调整一致，用富有感染力的语言向学习者传达思想和价值观。在技能型微课程中，教师的操作动作与语言紧密结合，教学语言要客观明确，准确、客观地描述每一个动作和步骤。

（4）辅助内容设计

微视频是微课程的核心资源，除此之外还应有辅助性内容资源支撑和完善课程。辅助内容从微视频的内容关系上可分为支持性内容、外延性内容、平行性内容。这些辅助性资源，可以以视频、图文、链接等方式给出。

支持性内容就是对课程内容本身的知识点进行逻辑支持、例证支持、基础理论支持、经典问题解决过程支持的支撑性材料。因为微视频时间较短，例证部分、例题讲解部分也力求简洁，所以有些内容可以作为支持性内容存放在微课程资源包内。

外延性内容是与课程内容紧密相关的延展性知识。依照最近发展区理论和个性化学习理论，学生在完成课程内容主题学习以后，可以对自己感兴趣的知识进行广度和深度上的进一步探寻。这种探寻基于兴趣情感等内驱力，效果极佳。同时，通过外延性内容提供的接口，微课可以以超过课程结构的方式与其他微课产生联结。

平行性内容主要是与课程在逻辑深度上平行的知识点。这些知识点不存在于课本教材，也不是根植于本微课内容的知识拓展或实践拓展，而是保有更强的独立性和开放性。

（5）设计教学交互

基于云平台的微课程，可以依托平台一体化的优势构建便捷、强大的师生交互。微课程建设的主题不应仅仅是资源建设，更应该将微课程的建设与平台建设相结合。

第一，学习专题设计。研究性学习是素质教育的一项重要内容，主要以学习专题的形式开展，培养学生创新意识和能力、学科间相互渗透的能力、合作的意识与能力。微课程的知识单元目标比较单一，在微课程实施过程中，可以以一节或几节微课程的主题为基础，提炼出一项研究性学习专题。微课平台提供了学习专题模块，该模块可以很好地承载学习专题的开展。

设计专题可以通过云平台通知模块发布专题任务通知，包括专题题目、专题目标、专题实施计划、学习小组分配、专题时间表、专题成果展示及验收评价等。专题题目基于一节微课程或几节围绕一个主题展开的微课程，具体表现形式为一个实际待解决的问题、一篇文献综述的要求、一次实验的设计等。

第二，教学问答设计。微课程教学方式以学生为中心构建资源环境，突出学生主体性、培养学生自主学习能力。但是就目前微课程实施状况看来，微课程师生互动存在不足。微课程可以利用云平台的教学问答系统，增强师生之间的互动。同时，针对问答系统出现人气不旺、提问积极性不高的情况，师生都要有意识地加强问答系统的使用积极性，发挥问答系统的价值。

第三，实践活动设计。微课程通常以微视频为核心，但其半结构化的特点，使单节微课也可以有其他的组织形式。例如，有些以实践为目标的课程单元，需要开展教学活动才能更好地达成目标。微课程可以采用两种策略，一种是实践演示法、虚拟实践法，通过微视频对标准实践步骤、实践现象、实践要点、实践细节、评价标准等进行讲解或示范，或通过虚拟软件及课件让学生在虚拟环境下实践操作，如用动画软件做虚拟化学实验。另一种是将微视频作为辅助资源，将活动方案作为当前微课的核心资源，微视频只作为活动范例展示活动要点。解释活动原理和合理性活动方案设计则要尽量简洁，直指当前微课的目标。

（二）视频开发制作方式与工具使用

微视频开发制作方式灵活多样且技术入门门槛低，教师可以利用身边的工具进行微视频的制作。常见的微视频制作基本方式主要有利用电脑录屏软件录课、利用录像设备录课。

1.PPT（演示文稿）+ 解说词 + 录课软件

第一，准备课程 PPT 和解说词。PPT 为画面的主要呈现方式，为教师提供授课逻辑与音画展示。PPT 要求尽量简洁、美观，切忌华而不实。PPT 设计应合理，单页内容不宜过多。学生在读取较难或内容较多的 PPT 时，如果需要经常暂停视频，那么虽然微课程时间长度被限制在 10 分钟左右，但学生实际花费时间更长，这背离了微课程的初衷。教师不能直接把课堂 PPT 拿来用，需要适当修改。解说词最好提前做设计，不一定逐字逐句地设计，但一定要列好提纲、把握好重难点和分配一下时长。

第二，准备录课软件。电脑端录课软件常见的有喀秋莎录屏软件、屏幕录像大师、BB 闪回等。这些软件功能强大且操作简单，教师经过简单培训即可上手。录制视频的常见分辨率一般有 720×576、1024×768、1280×800，帧速率不超过 25FPS，录制颜色最好设置为 16 位（bit），保存格式以常见的 mpg、wmv、avi 等为宜。

第三，后期剪辑。后期剪辑的目的主要是去掉录制时的错误内容、删掉重复内容及语病、修饰不清晰的音频、适当的特效包装技术等。微课程的剪辑区别于电影电视的节目剪辑，主要剪辑目标是清晰、完整地呈现教学内容。所以，微视频在画面取舍上，不拘束于画面的连续与完美衔接，但要尽量保证授课过程流畅，不产生歧义。

2. 绘图板 + 电子白板软件 + 解说词 + 录课软件

该方案在录课软件和后期剪辑环节要求与方案基本一致，其特点是主要呈现工具为绘图板。绘图板结合电脑端的绘图软件或电子白板软件，教师可以实现手写教学板书的功能。常见的绘图软件或电子白板软件有很多，教师可以经过短期培训，快速掌握与课程相关的软件操作技巧。这种方案非常有利于推理证明过程和复杂关系的呈现，教师自由度高且类似于课堂黑板板书。一些图片、音频、视频、实物等教学元素，可以在录课过程中借助其他软件呈现，也可以放置到后期进行剪辑。

3. 纸笔 / 电子白板 / 液晶屏幕 / 抠像技术 + 摄像机

这种方案成本较高，制作周期也较长，适合在学校有计划、有目的的微课程建设中开展。电子白板、交互式液晶屏有极强的交互特性，可以直接持笔书写，展示多媒体文件，是比较理想的展示平台，但是成本比较高。投影仪和液晶屏幕可以用来呈现多媒体文件，成本相对低廉。也可以利用抠像技术，制作人员在绿背景或蓝背景下先前期采集，然后利用后期软件去掉背景色，添加动态背景、知识要点、音画资源。摄像机采用单机位即可，拍摄过程由专门的拍摄人员负责，教师可以不用理会具体参数细节。

4. 课堂实录＋双机位

课堂实录一般有很强的即视感，师生互动比较多，容易让观看微视频的学生产生身临其境的体验。同时，真实课堂上教师细小的肢体语言和表情都会被记录下来，现场录制可以让学生获得更多隐性信息。课堂实录的优势在于记录了师生互动，所以如果只有单机位就会很难操控，建议采用双机位录制，同步录制教师讲解和学生学习提问。这种微视频制作方式可以是录制现实的课堂环境，也可以是录制专门搭建的微课程环境。

三、微课平台建设

（一）微课平台的构建

1. 页面风格设计

微课网站界面的设计应当以简洁、美观为主，色彩、文字、图片、视频的使用风格要统一，排列清晰有序。网站页面以浅色为主，营造轻松、舒适的页面感受。

2. 系统功能结构的建立

网站功能模块主要包括网站帮助系统、资源中心、论坛、检索系统、后台管理五大模块。

网站的帮助系统主要包括网站使用说明、资源上传规范说明、留言板和论坛板块使用说明，同时提供系统留言板，支持匿名留言，解答用户使用中的疑难问题，帮助系统和用户有效操作微课资源网站。

微课资源中心是微课资源网站建设的核心。对资源中心的资源分类依据课程进行划分，这样有助于用户迅速查找相关课程资源。同时，在论坛模块以同样的方式划分论坛板块，与资源中心相呼应，并将注册用户的操作信息同步发布。例如，在资源中心上传资源后，会在论坛相应板块自动发布一条带有超级链接的该用户；上传资源的帖子；推荐与评价功能，同时通过设置注册用户的角色信息，实现对注册用户的个性化资源推送功能。

资源的功能如下：（1）资源订阅功能，通过 XML 语言实现资源库对不同需求的注册用户个性化推送。一旦网络上传了用户订阅的偏好资源，系统即可以向用户以短信、邮件的形式直接向用户推送该资源。（2）资源收藏功能为注册用户提供网络在线资源收藏功能。用户对自己上传、下载或喜爱的资源，可以直接分类保存在用户网络收藏夹中，以便于用户管理自己的学习资源。（3）资源的检索功能分为分类检索和综合检索。分类检索是用户可以依据资源的专业、年级、学院属性直接进行检索；综合检索中，可以实现以标题、关键字、专业和作者等数据的核心资源属性进行检索。（4）资源评价功能可以实现用户对微课资源的评分、评论，评分结果计入系统推荐功能模块，在首页实现对资源的评分排序推荐。（5）论坛功能为用户提供交流的平台，论坛板块分类与资源中心的资源分类同步，当资源中心注册用户上传相关资源后，在论坛相应板块也会直接新建帖子，提供该上传资源的链接地址。注册教师用户可以根据教学的需求，向管理员申请新建课程讨论板块，在板块内讨论的内容，教师有权进行审查、删除。（6）后台管理模块可以对网站的所有上传资源、论坛、网站注册用户进行管理，并且可以实现对注册用户网络学习行为的统计，包括注册用户在线时长、发帖频率、资源上传与下载频率等，并以报表的形式呈现给后台管理员。在网站管理模块中，管理人员的角色划分为网站管理员、教师、学生三个不同权限的组。

（二）用户角色权限的建设

根据微课网站的使用对象，将网站用户分为四类，即教师、学生、匿名用户、网站管理员，具体权限如下：

第一，匿名用户权限包括检索、查询、获取资源，可以对访问的资源进行留言评价，还可以通过网站留言板获得支持。

第二，学生注册用户除了拥有匿名用户的权限外，还拥有以下权限：（1）资源管理权限。资源的上传与下载，对自己上传的资源进行再编辑，包括查看、删除、修改；对喜爱的资源进行收藏、订阅。（2）论坛权限。用户基本信息维护，参与论坛讨论，申请加入特定教师课程讨论组，向论坛注册用户发送站内短消息，留言板块留言。

第三，教师注册用户除了拥有学生用户的所有权限之外，在资源与论坛权限方面还拥有以下特权：（1）资源管理权限。教师可以对相关类目下的微课资源进行管理，包括对该网站相关资源进行查看、删除、修改、上传与评价。（2）论坛权限。教师有权申请设立独立的课程讨论板块，并有权新建用户组，对该用户组学生用户进行管理。例如，教师能够为新建用户组的学生发放学习资料、发送群组消息、推荐资源、管理组内学生上传内容、查看学生网络学习行为的统计信息，包括学生上网时长、逗留板块、发言频次等。

第四，网站管理员对用户的管理包括添加、删除、修改学生和教师用户的信息与权限。对网站资源的管理，包括对资源入库的审核，资源的编辑、删除；对论坛的全面管理，包括帖子审核、屏蔽、删除、修改；同时也可以查看整个网站注册用户的网络行为统计信息（包括登录次数、在线时长、发言频次、登录板块分布等）。

（三）微课网站运行流程

教师可以充分使用微课网站辅助课堂教学，在课堂教学开始之前，教师可以首先通过微课资源网站发布课程相关信息，包括使用论坛专属板块、教师个人微博、邮件推送等方式，向班级学生提供课程资料（包括微课视频、教学课件、讲稿等）布置课程任务、提出讨论主题，学生及时参与互动，自由上传搜集来的各种课程相关资源，由教师审核后发布至网站，为课堂教学的展开打好基础。在课堂教学过程中，学生依据自学的网络课程资源与讨论主题，在课堂上与教师展开互动，依据网站平台的学生网络学习行为统计信息，对已经参与网络学习讨论的学生，直接回答其学习疑惑；对未进行网络学习的学生，引入新课，讲解要点，布置任务，督促学习，有针对性地区别辅导。课后，再次通过微课资源网站，汇总讨论问题，上传新课任务。

学生在课前通过微课资源网站与教师腾讯微博邮件等方式，自主学习教师布置的新课任务，收集学习各类课程相关资源，并将自己认为较好的资源上传至微课网站，提交教师审核。同时整理学习疑问，在课堂上集中与教师和同学讨论，课后再通过微课资源网站发帖或向教师发邮件解决遗留问题，接收教师新课内容，开始下一单元的学习。

四、高校微课教学实践活动的应用

（一）微课在教学实践活动中应用的原则

微课是借助先进的信息技术和网络平台实现的，其积极作用不能低估，这表现在优质资源共享和自学的灵活性上。

1. 吸引原则

教师所开发的微课要能对消费者——学生形成一定的吸引力。要想让微课成为资源建设的一支生力军，作为微课开发者，一定要站在学生的角度来下功夫。这方面可以从微课的易学性和趣味性上做文章，所开发的微课应该使消费者流连忘返，教师要放下开发者的骄傲姿态，使得开发的微课符合学生的认知特点。只有消费者不停地反复点击观看，才能发挥出这种学习资源的效力，使学习者满载而归。

2. 效用原则

教师开发的微课要在保证微小的前提下，使学生觉得这些微小的学习资源有用。微课开发者不要在一些没有教育或者学习价值，但是做起来表面漂亮的资源上做文章，这是一切微课都要参照的原则。

3. 灵活原则

微课被引入课程教学的过程中，可以是在课前、课中或者课后等节点灵活应用。在课前，学生个体自主学习微课，预先了解授课内容，便于师生在课堂上探讨问题，直至学习者掌握该知识点或技能。在课中应用微课，教师将微课当作纯粹的教学资源。在教学需要时，集中播放给学生观看，帮助学生更加形象和直观地理解重难点知识。在课后应用微课，为学生提供可以反复学习的课程视频，保证每一个学生都能掌握课堂知识。这种方式能够帮助学生自主补习，反复学习，直到学会为止。

4. 反馈原则

微课开发、应用与交流共享之后，需要对微课程进行多元评价和微课程的教学与应用评价，为接下来微课程内容的设计与开发提供指导和参考意见。教育评价、多元评价等多种评价方法都可以用于微课程的评价，及时的评价与教学反思可以促进优秀微课的开发与共享。

（二）微课教学实践活动的标准

1. 微课应符合课程教学大纲要求

微课内容要与教学内容匹配，反映教学重点、难点或关键知识点。微课要有一定的思想性、启发性和引导性，具有很好的辅助教学效果。微课要表述准确，无科学性、知识性、文字性错误。微课的教学目标不能超过教学大纲的要求，不能包括过多的教学内容，要符合课程要求及专业教学标准，符合学生认知能力和水平。微课整体设计要新颖且有创意，具有较大的推广价值。

2. 微课应符合学习者的学习心理

微课应减少学生的学习时间，提高学生的学习信心和兴趣，创造良好的学习情境。微课的内容要难易适中、深入浅出，适于相应认知水平的学生。有利于激发学生学习热情，有利于学习理解，注重能力培养，注重学生的素质教育。微课应注重教学互动，能起到启发学生思考、激发学生主动学习的效果。

3. 微课应表现教师的教学艺术和教学风格

教师教学语言规范、清晰、准确、简明。教师仪表得当，严守职业规范，能展现良好的教学风貌和个人魅力。微课教学应有创意，能充分表现教师的教学技能。

4. 微课应提供完整的教学资源

除了微课本身要有主题明确的微课程名称、片头、内容、片尾、字幕等完整的媒体文件外，微课的开发者应提供教学设计、教学课件、学生作业等其他教学资源。

5. 微课教学实践对多媒体的要求

（1）视频技术要求

微课一般采用流媒体格式。微课启动时间要短，片头设计一目了然，进入主题快捷。微课应插入一定的字幕，一是解决教师语言表达和视频表达的难点问题；二是用文字加强对学生知识的记忆。微课进程节奏要快，片头和片尾要简短，主题部分要丰满，镜头切换和“蒙太奇”手法运用合理。视频素材不应有抖动或镜头焦距不准的情况，镜头推拉要稳定，要保证主体的亮度。背景音乐和解说要清晰，解说要用普通话，音量和混响时间适当，音乐体裁与内容要协调。微课播放时要稳定性好、容错性好、安全性好、无意外中断、无链接错误。要使其操作方便、灵活，交互性强，人机界面简洁。

（2）动画技术要求

除与视频技术要求相似外，动画中的配色方案要协调，颜色不夸张，不暗淡。用二维空间表现的立体层次分明，进场和出场前后顺序不能颠倒，动画运动速度合理，视觉不应产生错觉。动画中的字幕规范，字号不宜过大或过小，字体运用合理，字幕不宜过多，以防干扰学生的注意力。动画所演示的概念、原理、结构及其他信息不应使学生理解错误或误会。动画设计应有必要的交互和链接，播放时尽量不用特殊的插件。

（3）课件技术要求

课件中文字大小应符合人体工程学的要求，文字配色要与课件配色方案相符合，每个幻灯片中的文字不宜过多，只能用提纲式的文字——不能用过多的文字来代替教学内容。图形或图像应采用 JPG、GIF、PNG 等常用格式，彩色图像的颜色数不少于 256 色，对色彩要求较高的图像建议使用全真彩，灰度图像的灰度级不低于 128 级，合理使用照片和剪贴画，照片不宜占满屏幕。课件应尽可能利用图片、图表、表格、流程图、双向表、插画等。课件中动画效果不宜过多、过杂，避免转移学生的注意力。

（4）艺术性标准

微课界面布局要合理、新颖、活泼、有创意、整体风格统一，色彩搭配协调、效果好，符合视觉心理。在构图上要合理组织画面，合理分割画面，主体元素突出。在色彩设计上要处理好对比与协调、变化与统一的关系。颜色不宜过多、过杂，在统一的色调中寻求变化。文字要简明扼要，纲要突出，字体、字号和字形要与微课协调，不使用繁体字或变形字。视频拍摄的角度、视距和镜头推拉要合理，主体、光照条件和背景亮度要协调好。解说、背景音乐和音响效果要搭配好，并与视频或动画主体的时间合拍，不得相互干扰。

（三）微课应用的范围

1. 适于教师在备课时借鉴学习

通过“微课”可以募集到许多优秀教师的讲课课件，这些优秀教师对课程标准的理解、对教材的分析、对课堂教学的设计是难得的课程资源。如果教师在备课时能学习、借鉴这些优秀资源，一方面可以提高个人的专业素养；另一方面可以直接借鉴学习，提高自己的教学水平。因为微视频不同于过去网上的课堂实录和优秀教案，它是以 PPT 的形式配以教师的讲解，对教师的备课能起到直接的启迪借鉴作用。

2. 适于学生的课后复习

根据德国心理学家艾宾浩斯的遗忘规律，学生在课堂上学得再扎实，过后不复习也会遗忘。学生在复习时如果能够观看老师的微视频，会加深自己对教材的理解，会重现老师讲课的情景，激活记忆的细胞，提高复习的效果。所以，老师在课后可以把自己的微视频放到网络上，供学生复习时参考。

3. 适于缺课学生的补课和异地学习

有些学生因病因事缺课，过后找老师补课，一是老师不可能有时间及时给学生补课；二是老师补课时也不会完全像在课堂上讲课那么具体。有了微视频，学生即使在外地，也可以通过网络下载老师的微课自学，及时补上所缺的课程，使“固定学习”变为“移动学习”。现在笔记本电脑、平板电脑、智能手机比较普遍，携带方便，这些设备都能实现这种移动学习。

4. 适于假期学生的自学

学生每年的寒暑假时间都比较长，除了参加一些必要的社会实践活动外，有些学生会预习和复习课堂学习的内容。如果老师能够根据学生的需要事先录制一些“微课”帮助学生预习或复习，也能够提高学生的自学效果。当然，用于预习的视频要区别于教师讲课的视频。

（四）微课教学实践活动的策略

微课作为一种新事物，需要综合考虑学科特点、知识类型、学习者特征等影响因素，其在教学实践中的效果也需进一步探索。

1. 微课教学应突破传统教学

微课教学不必遵循传统教学线性的设计过程，它可以是一个动态的、网状的、循序渐进的、形散而神不散的教与学的过程。一个完美的教学过程应体现出控制性和释放性的统一。因此，微课应突破传统教学，做到教师教学与学生学习“学教并重”的统一步调，“以教师为主导，学生为主体”的“双主结合”，从而实现学生、教师、微课和技术四个实体要素动态交互的过程。

2. 微课教学应打破等同于微视频教学的思想偏见

有很多教育工作者片面地认为，微课等同于包含某个知识点或者教学环节的微视频。其实不然，微课不仅包含微视频，也包括音频及多媒体文件的形式，同时还包含与教学主题相关的教学设计、素材课件、教学反思、练习测试及学生反馈、教学点评等教学支持资源。微课在教学实践中，应注重的是利用信息技术手段与某个知识点或教学环节进行深度融合，而不是拘泥于信息技术媒介的外在表现形式。

3. 微课教学应注重时间与空间的连续与统一

微课为符合学习者的视觉驻留规律及其认知特点，将教学内容以片段化的方式呈现，虽有助于学习者的深度学习，但碎片化的知识给课堂内容的统一、系统化整合带来了巨大的挑战。因此，微课的设计并不是对课堂教学内容进行切割，而是对课程中所出现的重点、疑点、难点进行精心的信息化教学设计，确定好时间单元；在保持知识相对独立性的同时，又与实际教学内容的整体性相联系。此外，学习者应有效地使用教学支持工具，充分利用零散时间开展移动学习，做到课内正式学习与课外非正式学习的统一与连续。

4. 微课教学应实证应用于具体的教学情境

微课教学是否科学，应用效果如何，不是通过简单理论归因、专家评判就能得出的，而是需要将其应用到具体的教学情境中，对教与学的环境、条件、因素等各方面开展实证研究，才能更加科学、客观地设计、开发以及实施微课，从而提高学习者的学习效果。因此，微课教学应用要注意以下三个方面：

（1）要与常规课程相结合

微课是对重点、难点或某个知识的解释，是常规课程的有益补充，使用时必须与课程相结合。

（2）要与课程特色相结合

微课表现的内容必须体现课程的特色，用微课作为课程的名片。

（3）要与学生的学习兴趣相结合

将学生感兴趣、关注的知识内容用微课展示出来，这样才能吸引学生，获得好的学习效果。

在微课教学过程中，教师必须学习先进的教育理念，提升学科专业水平，强调以生为本的思想，掌握信息技术的手段。因此，针对微课教学，应注意以下要求：

第一，把握课程知识。微课的制作常常需要教师打破原有的知识结构和教学体系，重组教学内容，因此需要教师将教学内容烂熟于心，能够信手拈来，有高度的知识驾驭能力。

第二，谙熟教学技巧。怎样在很短的时间内将知识讲解清楚，这需要教师有非常娴熟的教学技巧，能够熟练运用各种教学工具与方法，掌握教学过程中的每一个环节。

第三，变革教学模式。在教学实践中使用微课，需要变革原有的教学模式，比如采取翻转课堂等方式，这样才能充分发挥微课的作用。因此，教师要有变革教学的勇气，敢于开展教学改革。

第四，了解学生需求。微课是以学生为主体体现学生的学习需求。因此，教师需要换位思考，充分理解和思考学生在学习过程中的各种问题与需要。

第五，追求教书育人。教师是园丁，不仅传播知识，还要教书育人。微课可以将点滴的教育思想和为人处世的原则潜移默化地传播给学生，起到传统课堂说教达不到的效果。因此，教师在利用微课传递知识的同时，要尽量融入育人和文化内涵。

（五）微课教学实践活动的评价

1. 教学实践活动的评价方法

教学评价的方法是指评价者为了实现教学评价的目的所采用的活动方式、程序和手段，教学评价方法种类繁多，教学活动的每一方面，如教师的课堂教学、课外辅导、教学成绩，学生的学业成就、劳动技能、思想品德等，都需要有特定方法进行评价。下面将介绍教学评价中具有共性的、通用的一般方法。

（1）相对评价法

相对评价法是在评价对象的集合中选取一个或若干个作为基准，然后把各个评价对象与基准进行比较的评价方法。相对评价法的优点是适应性强、应用面广，不管这个团体状况如何，都可以进行比较，都能评出个体在集体中的相对位置。用建立在对象评价、对象群体测评基础之上的标准进行评价，发现个别差异，从而对被评个体做出较为客观、公正和确切的判断，有利于激发评价对象的竞争意识。相对评价法的缺点是评选出来的优秀者未必真正高水平、高质量，未被选上的也不一定水平低，所以容易降低客观标准。评价的结果所反映的只是评价对象在一定范围内的相对位置，不一定反映他们的实际水平，易忽视教育目标的完成情况。

（2）绝对评价法

绝对评价法是在被评价对象的集合以外确定一个客观标准，将评价对象与这一客观标准相比较，以判断其所处水平的评价方法。绝对评价的特点：标准明确客观，与被评群体相对独立，而且在测量评价之前就已确定；评价结论是通过将被评的实际水平与客观标准直接比较而得到的，不依赖被评所在群体的状态水平；评价结果得分的分布情况，事先不做硬性规定，不强行把被评的距离拉开，不要求必须分出上、中、下等级，而是希望达标者越多越好。

（3）个体差异评价法

个体差异评价法是以被评价对象自身某一时期的发展水平为标准，判断其发展状况的评价方法。

个体差异评价法最大的优点是充分体现了尊重个体差异的因材施教原则，并适当减轻了被评价对象的压力。但由于评价本身缺乏客观标准，不易给被评价对象提供明确的目标，难以发挥评价的应有功能。

（4）自我评价法

被评对象依据评价标准对自身所做的评定和价值判断称为自我评价。在教学评价中，学生对自己的思想品德、知识、能力、身体状况等评价，教师对自己的教学思想、内容、方法、态度、效果等评价，学校对自身的教学管理、教学质量的评价等，都是自我评价在教学评价中的具体体现。

（5）外部评价法

外部评价又称他人评价，是指被评对象以外的组织或个人依据评价标准对被评者所实施的评价活动，它主要包括同学之间的评价、教师对学生的评价、教师间的评价、领导评价等。外部评价是教学评价的重要形式与方法。只有科学、客观地进行他评，才能更好地发挥教学评价的鉴定作用，更好地发挥其激励功能，促进被评者改进工作，健康发展。

2. 微课教学实践活动的评价原则

根据教学评价的含义和方法，结合微课的功能与特征，应该在微课教学评价的原则上注意以下几个方面：

第一，科学性原则，主要包括：（1）基本概念、定理、定义、公式的描述准确，例证真实可靠；（2）分析、推理和论述严谨，实证步骤正确；（3）解说精确、术语规范、文字符号准确。

第二，教育性原则，主要包括：（1）符合教育方针，教学目标明确，对学习者掌握知识、发展能力起到促进作用；（2）理论联系实际，取材适当，有针对性，选题突出重点、突破难点；（3）符合教学原理和认知规律，分析推理深入浅出，富有启发性，形象直观，能使过于理性的知识感性化、抽象的知识形象化、枯燥的知识趣味化、深奥的知识通俗化；（4）形象生动，能充分调动学生的视觉、感觉、听觉等多种器官，便于学习和记忆，能有效提高学习的效率。

第三，实用性原则，主要包括：（1）操作简单，容错能力强，界面良好；（2）选题科学合理，内容选择恰当；（3）能够切实提高学习者的学习效率，有利于加强学生对知识的理解和掌握。

第四，艺术性原则，主要包括：（1）创意新颖，构思巧妙，节奏合理，具有表现力和感染力。（2）画面美观流畅，切换过渡自然，整体设计合理，画面突出主题，表达能力强。（3）声音清晰，无杂音，配合文字、图片，能调动人的各种感官。

第五，技术性原则，主要包括：（1）图像、声音、文本设计合理，画面清晰，字幕清楚；（2）声像同步，音量适当；（3）课程可以跨平台使用，安全可靠，不受错误操作影响，容错能力强，在不同配置的计算机上运行无障碍。

3. 微课教学实践活动的评价策略

由于微课评价指标的角度不同，所以每个评审标准会略有不同，但其评价策略却是相似的。

（1）采取定量评价与定性评价相结合的方法

评价体系过分量化，容易将一些无法量化的内容排除在外，从而影响评价结果的真实、可靠。因此，应采取定性、定量相结合的方式，搜集全面、有效的数据进行评价，提高评价结果的可靠性与可比性。

（2）创建一套完善的评价反馈体系

评价反馈对于准确、清晰地认识微课的建设与使用情况具有重要的意义，同时有利于帮助开发者及时发现存在的问题和不足，提高微课效益。评价反馈体系的创建，应该充分发挥专家小组和网络评价的意见。

（3）统计加权法设定指标的权重

通过统计加权法设定指标的权重，以最大限度地减少评价的随意性，使评价更加科学合理。加权不仅可以显示某些指标在评价体系中的重要程度，而且是评价指标体系取得可比性和客观性的基本保证。

（4）从微课自身特点出发，形成立体化的评价体系

根据微课的特点，从内容到形式，形成一个立体、全面的评价体系。在教学评价中，注重教学效果的总体评价、学生评价、同行评价等方面的同时，要更加重视对学习者自身的评价及同伴的评价，进而实现多方位、多角度的教与学的评价，保障人才培养质量。

（5）采用评价反馈再评价的方法

教学评价本身就是一个循环往复的过程，对前次评价的结果进行分析，实际上就是对上一轮评价进行一个全过程的检验，从而为下一次评价提供有效的信息。

第六章　高校教育管理的创新策略

教育管理是高校各项工作的中心，随着当前人才缺口的不断扩大，高校也承受着很大的压力。当前的高校教育管理已经不能满足实际的教学需要，所以必须要跟上时代步伐，不断创新，这样才能完成国家培养人才的任务，同时实现自身的稳定发展。

第一节　创新高校教育管理体制

一、高校教育管理体制需要在信息化下进行改革

管理系统包括三方面内容：隶属关系的确立、组织结构的建立和管理权限的划分。高校教育管理系统是指对高校教育管理的组织结构和权力归属进行划分，划分的时候既要注重培养目标的特殊性，又要体现教学水平，更要遵循教育教学规律。这是专属于高校的管理体制。传统的高校教育管理结构是金字塔结构，是由行政组织结构形成的自上而下的模式，“强调管理结构位于上层组织结构上的责任和权威”。教育机构是这个方面的代表。教育家罗泰就曾经表示，学校里面，管理权集中在最顶端，权力集中分配，按等级分配。

时代的发展要求改变传统的教育管理体制，加大体制创新力度。在当今信息时代，学校的环境变得更复杂多样，这要求学校的管理方式既要多样化，

也要兼顾个性化。传统的教育管理体制不灵活，无法有效适应内外部环境的多元化变化。新技术环境冲破了原有教育结构的刚性布局，信息传达形成了灵活多变的结构和扁平化的信息传递渠道。因此，对传统校园教育管理体制进行改革是很有必要的。在改革过程中，信息技术提供了强有力的支持，为教育管理体制改革注入了新的活力，在学校管理组织体系中应用广泛。广大师生都是网络信息技术的拥有者，他们具备参与改革的知识和能力，是教育管理体制改革的有生力量。同时，信息社会的到来，让教育管理者开始面临极大的挑战，也提高了对其综合素养的要求，需要其与时俱进，不断适应新时代，抓住机遇迎接挑战。

二、高校教育管理组织机构的变化

可以从以下几方面对组织的结构进行评价：（1）责任性。组织的每个成员都应该对组织负责。（2）适应性。组织要随时间推移不断变化并进行革新。（3）及时性。要及时完成工作，速度要快。（4）响应性。对组织外部环境需求要及时响应。（5）效率。组织成员要可靠地完成任务，有最小的出错率，并且要考虑到资源的经济性，简单说就是又快又好。

但是，目前的教育管理组织结构是一种科层式组织结构，我们只有改变目前的这种结构，才能提高高校教育管理的效率。根据以上几项要求，需要架构一种扁平化的教育管理组织结构，对科层式组织结构进行改革。

高校教育管理扁平化是指要取消教学机构管理组织中的大部分中间管理层，以达到减少中层管理团队的目的。基于以下几点原因，在互联网环境下，教育管理组织的扁平化是有可能的，也是必要的：（1）对组织结构进行扁平化处理，有助于充分发挥基层管理人员的能动性，给他们更广阔的发展空间；（2）大量烦琐的、需要人来完成的工作，可以由计算机或者自动化设备完成；

（3）由于网络交互的特性，决策层和执行层的信息传递更加方便快捷，一些中间层管理机构可以取消，使得扩大管理幅度成为可能。

三、高校教育管理权限的重新划分

在高校教育管理组织扁平化环境下的大数据趋于简化，但组织关系更为复杂，这是因为缩减机构、减少管理人员的数量导致机构之间、管理人员之间及机构和管理人员之间的关系更为复杂。这时，如果日常管理权继续收归中心机构，就会变得难以维系，中心机构必须把部分管理权下放到基层。

就高校而言，教育管理是宏观层面的管理，教学质量的好坏和高校协调控制是否有效有着非常紧密的关联，所以高校应对整个学校的所有专业进行强效管理，并施行对应的方针政策，这样才能为整个教学过程提供有力的保障和支持。

管理的具体内容涵盖领导学校招生和分配工作，决策全校教育管理重大事项，建立教育管理制度规章，完善教学质量评价系统，设计科学化教育培训方案，提出或者修正教育计划要求，对实习、公共选修课和文化素质课进行安排，对学生进行管理，保障教学科研信息系统及教学基础设施的建立。当然，在这些管理活动中，教师和学生的意见不容忽视。学校管理系统的职能首先是宏观管理，其次是为教学工作提供方便，最后是决策。应该注意到，这些管理活动在不同的部门分工不同，赋予各部门的权限也不同，怎么分工，如何赋权，值得探讨。学校院系、年级各部门有自己比较完整的教学管理组织结构，有多个部门和相应的教学秘书。如教务处，对学生的工作负有特殊的责任，分配学校教育经费、制订各学科的教学计划、负责部门课程安排和教师安排；制订更加详细的专业教学计划，如组织教学研究活动、教学质量评价、各种考试的组织、实验设计和实践安排；负责学院和学校的学生奖惩以及院（系）、学校教学之间的协调问题等。在这一系列活动中，师生要参与决策。

高校教育管理涉及校长、相关负责人、系主任及教职人员、教育管理人员、学生等。如何将教育管理权分配给这些人才能达到最优效果？考虑到管理者可以在其职责范围内行使权力，而教师实施教学、学生进行学习，他们的权利得不到保障，所以这里着重介绍老师和学生的权利。传统的教育管理权主要归校长和负责教学工作的副校长所有，教学活动在教学部门的领导下开展，老师听从院长的安排，按照统一的教学大纲对学生进行知识的传授，然后教师布置任务，学生学会如何学习。也就是说，教育管理权掌握在学校的领导手中，教师和学生基本上没有这方面的权力。为了能够让教学活动变得既有效又有趣，应该将更多的权力和自由给予教师和学生。

首先，教师和学生对涉及教学层面的重大决策和决议，都有评价权、提案权甚至决定权，并且对这些权力应该设立具体的规章制度，从而进行保障。其次，对于教师，他们可以选择教学对象、研究项目，并得出自己的结论；对于学生，在有正确的方法指导学习的前提下，具有选择选修课程的自由、选择相关专业的自由、选择教师的自由和选择学习内容的自由，并且能够形成自己的自由思想，参与教育管理评价。

第二节　改革和完善高校教育管理

一、引入先进的管理思想

只有在先进管理理念的指导下，教育管理才能发展起来。在信息化时代，高校教育管理者除了要具备教育管理能力，还应具有先进的管理思想。

（一）主动适应的思想

主动适应的思想是指教育管理工作应主动适应社会发展的需要，随时随地捕捉信息社会对人才的需求，及时调整教育管理思路，顺应时代的潮流。主动适应性思维将成为高校教育管理的指导思想，教育管理的主动适应性思维强调适度分权，针对内部要素和外部环境的变化采用灵活的态度应对。

（二）人本观念

学校管理的核心在于教学管理。人本观念首先体现在管理过程中将教师和学生放在主体地位，促使教师和学生在工作和学习的过程中充分参与管理实践，让他们在实践中获得身心综合发展的能力、知识等。教师和学生的创新充分挖掘了潜能，因为学生是学习的主体，教师是教学的主体，他们拥有的积极创造的内在潜能，对提高教育管理质量来说意义重大。所以，在具体的管理环节一定要注意激发师生的创造力，充分调动他们的主观能动性，在所有的管理活动中要给予全方位的关注和把控，以便有效提升教育质量。

（三）全面质量管理理念

全面质量管理是一个组织，把质量当作核心，将全员共同参与作为根基，目的在于让顾客满意并且组织中全部成员都能得到社会受益而获得持续成功的路径。

高校教育管理实践当中的全面质量管理包括以下三个方面的内容：

1. 全过程质量管理。想把教育目标放在核心地位，科学有序地实施教育教学活动，就要加强对教育教学各环节质量的全方位把控，尤其是要管理好接口，保证不同环节的有效衔接，科学确定不同环节要达到的质量标准。

2. 全方位质量管理。要进行综合管理，只要是影响或涉及教学质量的环节和因素，都要纳入综合考虑。比如，对后勤服务部门、管理部门等部门的工作质量进行管理，因为这些部门的工作会影响教学质量和教学工作。

3. 全员质量管理。学校的各个部门、每一位成员（包括全体教师和学生）都应该主动积极地参与质量管理，努力提高自己的工作质量，以培养高素质的专门人才。

二、利用信息化手段深化教学改革

要深化教学改革，第一步要做的是改革教学计划。只有好的教学计划才能保证好的教学质量。制订好教学计划，是建立教学体系、安排教学任务、组织教学过程的基础。教学计划一般是在国家相应教育部门的指导下，考虑全局效益，由教育学家或相关人员制订。教学计划一般都符合教学规律，在一段时间内相对稳定不变，但从长远来看，也要不断及时调整和修正，以适应社会的新发展及经济和科学技术的进步。

教育管理者还要改变传统的教学观念，及时修改和调整教学计划。原因有以下几点：一是社会对人才的要求，结合科学技术和社会经济发展实际，要及时调整教学计划。二是就人才的成长而言，大学也只是学习的一个阶段，是终身学习的一个组成部分，并不是学习的终点。因此，大学时期，不但要注意加强专业知识的学习与积累，更重要的是掌握学习方法，还要学会生存，学会共同生活，学会做事，也要注意提升创新能力与创造力。三是从整个世界来看，经济全球化的趋势发展迅猛，我国的人才要走向世界，在世界范围内进行竞争，国内的教育也要注意对国际化人才的培养。信息化时代要求我们紧跟时代潮流，准确预测社会对人才要求的变化，培养符合国家要求的人才。要达到这一目标，我们应该加强对信息技术手段的合理化应用，科学设计教育规划，并对其进行实时监控和及时反馈，制定对教学方案的评价标准，使高校毕业生尽量满足社会的要求。

三、互联网环境下高校教学计划的制订

（一）教学计划制订的要求

互联网环境下的高校教学计划应该满足以下两点要求：一是客观性，要尽量按社会主义市场经济的要求，设计多种人才培养模式，也要尽可能多地考虑未来环境的变化，设计多种智能结构；二是灵活性，学生要找到适合自己发展潜力的模式，学校要尽可能提供不同种类的多种模式。

具体方法可以参考以下建议：在信息技术大范围推广应用的进程中，远程高等教育得到了长足发展，任何科目、任何内容，学生都可以借助网络进行学习，不限于时间和空间。安排教学时，需要充分合理地应用好信息技术，让学生拥有一个充分选择的空间，也要针对不同学生的不同特点设计符合其个性的教学过程，可以采用完全学分制。应该将学生培养成这样的人才：整体素质高，基础扎实，专业能力优秀，注重知识的全面发展，能借助网络拓宽眼界，扩大知识面，拥有终身学习与可持续发展的能力。但必须承认，对大学生的各方面要求不可能有一个统一的标准，我们要鼓励其自由发展。

（二）制订教学计划的一般程序

对人才培养目标和业务类示范进行专业分析——了解有关文件精神和规定的注册研究——提出意见和对学校教学计划的要求——主持制定教学纲领，系（院）教学委员会进行审议，由学校教学工作委员会复审核查，核查签字后由执行校长签字确认。

（三）教学计划的内容

大学教学计划的内容主要包括以下两方面：确立合理的专业培养目标与设置合适的课程。因为培养目标、课程设置与人才培养息息相关，此处主要研究培养目标的确立与课程的设置。在课程设置和专业培养目标的确立上，

主要应用了调查的方法。调查的基本步骤:（1）凭借理论分析提出若干备用的选项;（2）发放调查问卷，让被调查者在选项中选择自己的意见或建议;（3）对调查结果进行统计分析，按照被选择次数的多少对各个选项进行由多到少排序;（4）制定一定的规则，看看哪个选项占的比重较大。在整个过程中，要充分利用信息技术，借助网络收集信息，收集完后可以借助计算机对调查结果进行统计分析，得出结果。

同时，还应注意以下几个方面：一是要进行可靠的预测，对毕业生的就业情况有一定把握，只有毕业生满足社会要求，高校才能有较高的就业率。二是引入更多的优秀教师，完备实验仪器和必要的书籍，生活设施也应该尽量完善。三是要有尽可能宽的口径，形成宽口径专业教育模式。目前的情况是教学信息越来越不难获取，学习知识也变得更加容易，但是要进行知识的重组和创新比较困难，所以我们要重点训练学生的综合素质。四是要有学校自身的特点，学科建设要结合学校的地域优势和传统优势学科。五是考虑专业的冷、热门问题，及时调整，满足需求。

在信息时代，高校实施教育教学管理首先应相对稳定和严格地执行教学计划，为此可以制定以下两条准则：一是将教学计划分为学期教学计划和年度教学计划，编制工作表，安排好每个学期的教学任务、教学教室等；二是由相关部门制订教学组织计划，如社会实践计划、实习计划、实验教学计划、培训计划等。要有适当的政策和环境以及保证教学的基础设施，还需教育管理者和教师、学生相配合，这分别是教学计划顺利实施的内外部条件。

在这个过程中要把握五个方面：一是要切实维护教学计划的严肃性和权威性，严格遵守教学计划；二是在具体的实施过程中，严格选择计划材料，遵循教学大纲的要求；三是加强教师群体的力量，确保教学进展与教学计划一致；四是制订教学质量评价方案并严格监测执行，可以借助信息技术建立自动监测和反馈系统；五是教学组织与管理要严格按照教学计划进行。

四、改革学生的培养方式与管理模式

信息时代要求人才具有更高的素质，改革人才的教育方式和管理模式是必要的。信息技术为这项改革提供了条件，数字媒体教育的重要贡献是它的弹性使每一个人都能找到适合自己的学习方法，它也能使每一个有抱负的学生梦想成真。在未来的学习环境中，每个学习者都是特殊的。

互联网环境下改革学生的培养方式主要体现在以下三个方面：

（一）在教学中促进“参与式”教学法

“参与式”教学法主要以提问式教学活动、开放性内容为特征，问题无标准答案，作业、论文也很少甚至没有，能给学生充足的时间和空间自由思考。利用网络技术和计算机技术收集相关信息来解答问题，通过对问题的解答来完成知识的学习与内化。在这样的学习实践活动当中，学生不但掌握了借助网络解答各种问题的能力，而且学会了与“问题”有关的知识。同时，因材施教，针对学生自身的特点确立恰当的培育目标，设置严谨的学习规划，尽可能让每一个学生都能得到发展。

（二）努力培养学生的社会实践能力，加强实践教学

很多情况下实践和实验资源的不足会影响实践教学的水平。那么，在资源不足的情况下，我们应该怎么做？我们可以利用计算机和网络编制具有虚拟实验室功能软件，学生可以模拟操作，如利用计算机软件在虚拟实验室中解剖青蛙（数码青蛙）等。虚拟实验室的优点是成本低，如果实验失败，方便重来，学生可以反复练习直到熟练掌握；也可以解决实验现场肉眼不可见、实验过程非常危险、实验环境确实难以建立的问题，来尽量满足实验的要求。

（三）鼓励学生跨学科学习，培养全面型人才

当今社会，随着信息技术的发展，新的学科不断涌现，这些学科大部分是由学科交叉形成的。打破不同专业教育壁垒，建立交叉学科培养机制，构建跨学科教学环境，培养跨学科人才，可以借鉴国外成功的跨学科教学经验。具体实现过程如下：以培养计划为基础，为学生选定必修课程，这些课程是跨学科的，包括文学、理学、工学等多个领域，以提高学生的综合分析能力，培育学生创新思维与创造能力；提供多种专业、多类课程、多个教师供学生选择，这样学生就能根据个人兴趣制定自己的学习目标，进行自主学习；高校应完善相关课程，抓住交叉学科的新增长点，组织多学科的力量开展教学，配备必要的教师，形成跨学科的教学模式，激发创新意识，促使学生应用到探究新领域中，全面发展自己。

在改革学生培养模式的基础上，改革学生管理方式。目前，大多数高校实行的学分制，灵活性不够，刚性太强，约束也太多。在当今互联网环境下，在对学生的管理中我们更提倡注重学生的个性化发展。教师管理系统要以学生为主导、教师为辅助，建立学生服务中心。具体操作有以下几点：一是建立心理咨询、急救救援、工作研究、学习指导机制，建立相应的社区管理部门；二是以学生宿舍为基础，取消班级，由 8 ~ 15 名学生与老师形成一个整体；三是由研究生或高年级的优秀学生协助管理，为学生提供指导。这种管理模式可以实现学生的自我教育、管理、服务，能够让学生的综合素质得到有效提高。

五、加强课程教学管理改革

在信息时代，知识变得越来越重要。高校课程体系优劣评估要特别注意以下几点：一是课程体系的整合，对不同学科之间的课程研究越深入，整合

程度越高；二是课程体系的完整性，课程越多，内容越丰富，体系越完整；三是课程体系的可持续发展，随着科学技术的发展，要及时调整和更新课程体系；四是课程体系的平衡结构，课程体系的平衡是指层次结构和内部关系及相互之间的配合度达到平衡。根据这些指标，在优化课程体系时，我们应该注意以下几点：

首先，注重更新教学内容，教学内容要具有思想性、科学性、前沿性和创新性。课程内容要及时更新，可以将最新的科学研究成果引入课程，激发学生的学习兴趣，以课堂教学和网络教学相结合的方式，积极开展网上教学。

其次，要重视跨学科课程建设，重视理工类和文学类学科的相互渗透，密切关注综合学科和交叉学科的创建。还应该注意到教材方面存在的问题，目前的教材都是老教材，教材的利用率不高，并且新教材很少。为解决这一问题，高校教育管理者应制定相关政策，指导和支持新教材的开发和使用。在师资培训方面，应加强师资队伍建设。

再次，要重视总结近年来课程体系内容和教学改革的成果和经验，并从中吸收有用的成分，积极扩展教学内容，进行教学改革。

最后，注重课程比例的合理设置。如今高校基本实行学分制管理，学生的课程分为必修课和选修课，必修课和选修课之间必须有合理的比例，但目前选修课的占比还有待提高。同时可以在必修课程中加入选课系统，如数学、物理、计算机应用、英语等课程有不同的等级，学生可以根据专业方向和自己的兴趣选择相应的课程。

六、教学评价体系科学化和规范化的建立

教育评价中教学评价是至关重要的，教学评价就是依据特定的教学目标，在一定的教学系统里搜集信息、精确理解，再科学全面地分析，从而让评价

能客观有效，使教学质量的提升能有一个依托，也为改革提供一些凭据。教学评价的意义十分重要，它可以用以指导，也可以帮助决策，还能进行适当的反馈。高校中对教学质量评价可以促进教学质量的提升。20 世纪 90 年代以来，我国高校教学评价工作得到了极快的发展。目前，全国已有 1000 多所高校接受了本科教学评估。基于提升教学质量的目的，我国多数高校进行了教学改革，并主动进行了教学评价。

依据高校教学的特点，教学评价的体系应当全面且多元化。教学评价的对象和主体是要首先确定的。一是教学评价的对象。按评价对象，教学评价可分为三种：整体教学评价、专业教学评价和一般教学评价。对一个学校进行教学评价要有宏观的观点，对环境质量、办学水平及专业人才进行全面的评价，即整体教学评价；对专业教学水平进行深入而全面的评价就是专业教学评价，主要应注意教学质量和办学特色；对综合素质进行微观评价亦是教学评价，而较为基础和重要的是教学评估，一般教学评价此处指关于课堂的教学评价。二是教学评价主体。主体多样才能更全面而深入地进行评价，评价有自评和他评，由学科专家、管理干部、领导和社会对教学进行评价。依托现在的网络和计算机技术，使用软件进行评价，整合后对信息进行分析处理是现今通用的方法。

其次，要有不同的评价标准。对学生而言，不同情况下标准应不同。一是学生的多样性。除先天因素外，后天环境因素及后天接受的教育在学生的成长中也扮演着重要角色，每个学生自我认知和付出努力的不同，让他们成为独特的个体，形成了较大的差别。二是学生的来源不同。我国的高校教育正朝着大众化的方向发展，很多社会上的人重新进入学校，对于这些素质各异的学子要求也是不同的。三是信息化水平的提升，促使信息获取路径呈多元化的发展态势。现如今教育教学信息的收集和沟通已经从传统时代进入了数字信息化时代，在这样的背景下，人们能够自由自主地完成信息的互动与沟通。

就考试制度改革现阶段的具体要求来说，考试是教学质量的证明，同样是考核学生的重要方法。因为临时抱佛脚去死记硬背也可能会取得好成绩，所以就不能筛选出平时底子好的学生，不能很好地检测学生的学习程度和能力，教学质量的审查就会产生偏颇。考试制度在互联网条件下的革新应表现在以下方面：在考试内容方面，要侧重让学生运用知识的能力得以展现；在考试评分方面，把握素质教育，在一定情况下可以不用百分制进行评分；在考试质量方面，建立专门的检测中心，对于基础课的考核各个过程都要把握好，不管是命题还是阅卷都要搞好质量的查验；在考核方式方面，可采取撰写研究报告、研究文献等方法，不断创新考核方法，有利于学生的思维及创造能力的提高。

第三节　建设高素质的教育管理队伍

不同的因素影响着教育管理的质量，包括人力、财力、物力、信息等。教育管理者是上述因素中首要的因素，因为人是主体，更是管理的第一要素。制订教学规划和纲要以及安排学习内容、课程等，学生的考试、毕业设计、实践等，各个阶段都不能没有教育管理者的参与。互联网时代，教育管理质量受到多方面影响，想实现管理高效能，高素质的教育管理队伍是至关重要的。

一、当前高校教育管理队伍的素质状况分析

（一）教育管理人员的现状

高校教育管理人员指计划、指导和协调大学研究教育、学生管理和服务及其他教学活动的人员。

目前高校教育管理人员的素质存在以下问题：

第一，知识结构不完善。很多教育管理人员没有系统学习过关于教育、管理及心理学的学科知识，甚至没有相关岗位的工作经验，并极少有深造的机会，在实际工作中，只能依靠一些实践经验。管理者自身深入了解及回顾概括工作内容的机会较少，同时没有学习过关于管理的知识，因而知识的结构不完善。

第二，知识更新慢。如今的知识更新较快，人们必须不断了解新的知识。社会发展进步的速度越快，新旧知识之间的更迭速度就越快。在传统的教育管理理念下，教育管理人员只负责事务性工作，不必具备过多的专业化知识技能。在这种思想的影响下，很多教育管理人员都不学习和改进个人工作内容，拒绝接受新知识的学习与实践，无法追赶上时代和教育管理改革的步伐。

第三，动力不足。高校管理者较之授课教师，工作时间、薪酬、职称都不一样，使得很多管理者情绪不好，幸福感缺失，缺乏创新意识与创造力。

第四，信息管理意识淡薄，管理效率低下。教育管理者不懂也不愿去提高现代信息技术的使用效率是有原因的：一是教学管理者对信息技术懂得很少，对怎么使用信息技术无从下手；二是现在中层管理干部因为时代的局限，很少懂得电脑技术，对管理信息不太关注，同时害怕新技术使自身权威下降。三是管理人员一直以来习惯了使用纸张记载，不愿意改变。四是高校行政管理仍有“大锅饭”的表现，新技术的运用与管理人员自身权益没有很大关系，

没有压力感。五是即使信息管理系统相当完备，然而各高校应用软件不同，无法共享和交流，使得管理者的积极性降低。

（二）教育管理队伍的现状

目前教育管理队伍存在以下问题。一是高校教育管理队伍整体素质低，流动性强。以往的高校教育管理的领导、干部基本上来自教学或研究前沿，他们不重视教育管理，更新管理业务的机会不大，流动过于频繁。二是高校教育管理队伍结构不合理。目前，教育管理团队满足不了时代要求，管理结构不合理，管理队伍知识和能力欠缺。

二、互联网环境下对教育管理人员的素质要求

知识密集、高新技术、人才聚集、思维活跃、信息渠道畅通，这些都是高校的特点。信息技术快速发展，教育管理人员的素养有待提高。针对这样的情况，教育管理人员应该做到以下几点：

第一，树立强烈的服务意识。管理的本质就是服务。教育管理人员不能把自己作为掌握权力的管理者，而应该作为一个服务者，服务学生、服务教师、服务教学，进而服务于崇高的教育事业。

第二，掌握教育理论和专业知识。身为教育管理者，掌握教育的科学及其规律是基础，有些专业的知识也必须掌握，如教育学、教育心理学、管理学和大学教育学等，如此才能让科学教育和教育管理得以实现。高校的管理人员要具备充足的理论知识，同时要掌握高等教育改革的方向。另外，必须具备相关专业知识。教育管理工作，是对学校现在的一切资源实现有效而科学的管理，所以必须学习相关专业知识，包括现代计算机方面有关管理的方法和档案学的知识等，才能应对教育管理工作操作的复杂性。

第三，掌握现代信息技术，具有良好的信息素养。现代信息技术的飞快

发展要求教育管理人员必须掌握不断更新的技术，这样才能使管理效率不断提高。教育管理人员不仅要拥有极好的信息素养，还要会使用现代的信息技术。例如，教育管理人员在教育管理中要会用信息检索获得知识并能从网络上取得需要的信息；会使用教育管理软件；掌握一定的英语知识；提高教学信息化管理的敏感性，了解学生具备的信息并清楚其需要的信息，如此才能使教学的质量提升，从而提升管理的效率。

第四，具备较强的管理能力。首先，组织决策能力要强。当今社会，教育体制改革在不断加强，教育管理者只有具有较强的组织决策能力，才能顺利地制订教学计划，制定切实可行的政策措施，对整个教学过程进行加工，并结合学校自身的优势做出科学合理的决策。其次，教育科研能力要强。要查找资料，深入研究，准确把握国内外各大高校特别是精英院校的教学情况及世界教育改革的趋势。要处于教育管理、教学第一线，参与课堂教学，经常了解教学情况，对高校教学进行调查和研究，掌握整个学校的发展趋势，做好教育管理。同时，教育管理是一门科学，实施教育管理和教学研究，是教育管理者的共同任务。为了正确地管理，提高教育管理的质量和效率，研究者和教师有必要专门研究教育管理的特点和规律。最后，要勇于创新，敢于开放，培养良好的集体合作能力。教育管理应该与时俱进，而不是一成不变。对当前高校的教育管理者来说，创新创造能力是其最缺乏的，在工作中勇于创新，推动教育管理的进步是很重要的，革新也一直是一个核心的内容要求。

三、进一步全面提高教育管理队伍的素质

教育管理不是一般的行政管理，而是具有学术管理和行政管理的双重功能。没有一支强有力的教育管理队伍，就不可能有一流的教学水平和教学质

量。在信息时代，只有提高教育管理队伍的素质，才能促进高校的进步。如何拥有高素质的团队呢？要做好以下几方面工作：

首先，提高高校教育管理者的素质。由于教育管理团队是由个人组成的，所以建立一支高素质的管理队伍，全面提升教育管理者的综合素质是重中之重。一是岗前培训。邀请有资质的教师和专门的人员进行培训，深化知识结构，如心理学及管理科学教育等。提高管理人员的信息素质，特别是计算机和网络技术，使之可以有效使用校园网与互联网办公和学习。二是在岗培训。坚持在职学习的原则，采取灵活的培训模式，理论联系实践，通过网络学习提高教学质量与管理人员的综合素质。三是持续学习。要有意识地提高教育管理人员学习的意识和能力，使他们能掌握一线教学的情况，促进教学实际发展，不断学习。

其次，提升高校教育管理队伍的素质。这不仅关系到教育管理人员的个人素质，而且关系到教育管理队伍的整体状况。如果结构合理，彼此促进，会让队伍成员富有集体感，有利于凝聚力与向心力的加强，便于队伍成员积极主动地创造和发展，使得教育管理队伍整体更好。教育管理队伍的结构与组合是提高教育管理队伍素质和整体效果的关键。优化教育管理队伍结构必须做到以下几点：一是优化教育管理队伍的年龄结构。不同年龄的人发挥各自优势，并进行经验的互补，可形成良好的整体效果。二是优化教育背景和职称的结构。就教育管理而言，队伍成员的职称和学历要满足梯次结构的要求，决策、管理和具体的事务性工作分工不同，各司其职，形成互补。另一个要素是教育管理队伍成员人格的互补，恰当组合不同个性特点的成员利于形成良性合作。

最后，提升高校教育管理的积极性。建立竞争和激励制度来引导、管理干部，从而提高他们的积极性。责任、制度和奖惩是岗位责任制的三个主要环节。在管理中，责任制是管理制度的核心，不同岗位要承担的责任不同，因此对不同员工有不同要求，要组成一个和谐的团体，就要对不同岗位的人有不同要求。同时，要有详细的制度和标准，如薪酬制度、绩效评分制度等。以上制度要落实到各个管理人员，使其在一定压力下力求上进。另外，需严格地对员工进行考核，从而对员工的技能和态度有所把握和了解。定期考核，对于能力高的人要及时鼓励，合理奖励；对于工作态度差、能力弱的人，不再聘用。如此，方能利于竞争并得到进步。通过考核，找到每一位员工独特的个性和特长，便于员工较好地发挥自己的特长。在奖惩时也要特别注重以下几点：一是注重物质和精神两方面的奖励；二是奖励时要区分不同的级别，然后分别进行奖励。不同的激励是根据能力和层级区分的，通常而言，不同职位对应不同的管理能力和不同的奖励标准；三是应用多元化与动态的奖惩。为了使奖励制度具有激励相关人员的力量，在管理人员的各个成长阶段要用不同的手段给予激励。

实行相应的政策将对教育管理人员积极性的提升起很大作用，如评定职称等政策的倾斜，必然会提高管理人员的积极性。

第四节　教育管理与大数据紧密结合

一、完善教育管理制度

教育管理系统是根据国家教育法律、法规等，由上级领导部门决策并制定条例与规则形成的系统。教育管理作为教育的重要手段，能够维护正常的教学秩序，是一个国家教育政策和制度的组成部分。

高校的教育管理制度主要有四部分：一是关于教育材料的管理，如教学的计划、课程安排和总结等；二是关于学校学业进程的管理，如考试、教课进度和课程的调换等；三是教师和教育管理人员的责任和奖惩制度；四是学生的管理系统。

为了提高教学质量，不仅要完善原有的教育管理制度，还应立足于各校实际，设立新的制度。具体可以从以下几方面操作：一是确立会议制度，按期举办教学研讨会并进行会议指导，使教学可以制度化；二是要对管理加以制度化和规范化；三是应合理安排考试，重视管理考试程序并制度化；四是建立和完善毕业生就业质量评价体系，不仅要分析评价结业论文，还要有后续的了解，对毕业生多加关注；五是应寻找专门人员对教学管理进行合理监督；六是研究革新教学工程体系；七是职业教育的评价要标准化；八是关注教学成果的情况，如英语四六级和全国计算机考试的合格情况、职称结构等。

还应依托于大数据对高校教育管理制度添加辅助的条例：从信息化标准角度出发，教育部在近几年出台了关于信息化标准的条例，并且高校教育管理信息化应建立在国内外的交流中。从高校信息化相应体系出发，校园网络和图书馆是校园信息传播的两个重点，因此要加强对它们的建设，尤其要有配套的管理方法。从管理主体出发，对教师和教育管理人员进行信息技能培训，提高其信息管理的水平。

二、发挥校园网对教育管理的推动作用

教育管理的基础是校园网络平台的建设，如今的教学离不开这个信息平台。第一，要特别注重校园网络的作用，尤其考虑整体的发展，合理进行计划。第二，统筹设计。合理计划并实行软件开发和校园网建设，做好网络接口，按实际情况分阶段建设网络，使效益最大化。第三，软硬件要结合起来共同建设，设计软件耗时长，而进行网络线路改造耗费时间会更多。教育管理的

信息系统是由多方面组成的，可以独自设计，也可以买来现有的软件加以使用，要尤为关注的是软件的合适性及共用性。第四，要专门应用“三点技术”和“七大管理”，达到最好效果。学校应该安排认真负责、技术过硬的老师担起校园网管理的重任，有效助推网络的多方面应用。第五，加强深造培训。校园网影响全校教育管理人员、教师和学生的校园网络生活，学校应重视对教师实施专业化的教育培训，合理制订培训计划，使校园网满足使用者各自差异化的需求，产生对校园网的认同感，而不是对其有抵触心理。第六，加强使用。建设校园网的最终目的是创造效益，只有加强对校园网的应用程度，加强对校园网的完善力度，才能真正发挥和增强其价值。

参考文献

[1] 曾绍玮，李应 . 高校创新创业教育探索与实践研究 [M]. 成都：电子科学技术大学出版社，2021.

[2] 陈攀峰 . 新时代高校继续教育创新研究 [M]. 长春：吉林人民出版社，2019.

[3] 陈忠平，董芸 . 新形势下高校创新创业教育 [M]. 北京：冶金工业出版社，2019.

[4] 邓如涛 . 新常态下高校创新创业教育研究 [M]. 成都：电子科技大学出版社，2017.

[5] 高建慧 . 地方高校工程实践教育师资团队建设创新探索 [M]. 长春：吉林人民出版社，2021.

[6] 耿丽微，赵春辉，张子谦 . 高校大学生创新能力培养与创业教育研究 [M]. 成都：电子科技大学出版社，2017.

[7] 关洪海 . 高校教育管理与创新实践研析 [M]. 北京：冶金工业出版社，2019.

[8] 郭晓雯 . 高校教育教学管理创新发展研究 [M]. 北京：北京工业大学出版社，2019.

[9] 胡凌霞 . 高校教育管理理念与思维创新 [M]. 长春：吉林大学出版社，2020.

[10] 黄苏飞 . 高校形势与政策教育教学创新研究 [M]. 上海：上海交通大

学出版社，2011.

[11] 金国华 . 高校教育教学改革与创新探索 [M]. 桂林：漓江出版社，2013.

[12] 李昌锋 . 高校辅导员思想政治教育工作的守正与创新 [M]. 北京：北京理工大学出版社，2020.

[13] 李常 . 高校创新创业教育经验借鉴与创新发展 [M]. 北京：北京工业大学出版社，2019.

[14] 李罡 . 高校艺术类专业实践教育模式创新研究与实践 [M]. 石家庄：河北美术出版社，2016.

[15] 李喆 . 地方高校创新创业教育研究 [M]. 济南：山东人民出版社，2020.

[16] 林榕 . 大数据背景下高校教育管理信息化发展与创新研究 [M]. 长春：吉林大学出版社，2019.

[17] 刘丽波 . 新时期高校德育教育创新发展研究 [M]. 石家庄：河北人民出版社，2018.

[18] 刘思延 . 高校教育教学管理实践与创新发展 [M]. 哈尔滨：哈尔滨出版社，2021.

[19] 裴小倩，严运楼 . 高校创新创业教育协同机制研究 [M]. 上海：上海交通大学出版社，2018.

[20] 宋瑞莉，杨晓波 . 互联网 + 时代下高校教育的创新与发展研究 [M]. 哈尔滨：东北林业大学出版社，2018.

[21] 汪文娟，何龙，杨锐 . 高校教育管理创新研究 [M]. 北京：北京工业大学出版社，2018.

[22] 吴金秋 . 中国高校“融入式”创新创业教育 [M]. 哈尔滨：黑龙江人

民出版社，2013.

[23] 谢如欢 . 民办高校教育创新与实践研究 [M]. 长春：吉林人民出版社，2021.

[24] 徐原，陆颖，韩晓欧 . “互联网＋”时代高校思想政治教育创新研究 [M]. 燕山大学出版社，2019.

[25] 尹新，杨平展 . 融合与创新 高校教育信息化探索与实践 [M]. 长沙：湖南科学技术出版社，2018.

[26] 俞莉莹 . 高校素质教育管理与创新研究 [M]. 北京 / 西安：世界图书出版公司，2018.

[27] 张露汀，杨锐，郑寿纬 . 高校教育教学创新研究 [M]. 吉林人民出版社，2021.

[28] 赵丽 . 互联网背景下高校英语教育的创新发展 [M]. 长春：吉林人民出版社，2020.

[29] 赵莉莉 . 新形势下高校人才管理及素质教育创新研究 [M]. 延吉：延边大学出版社，2021.